浙江省 家级

非质文化遗产

畲族民歌

享 艺 主编

代表性传承人

述史丛书

《蓝陈启》卷

项莉芳 编著

浙江摄影出版社

全国百佳图书出版单位

序　言

　　国家级非物质文化遗产代表性传承人抢救性记录是新时期非物质文化遗产保护的一项重要工作。自 2015 年起，国家级非物质文化遗产代表性传承人抢救性记录工程全面启动，针对非物质文化遗产代表性传承人，采用数字化多媒体等现代信息技术手段，进行人物访谈、传承实践、带徒教学的全方位记录，并对已有文献资料进行搜集，建立传承人专项数据库，将记录成果编纂成书。

　　国家级非物质文化遗产代表性传承人掌握着丰富的知识与精湛的技艺，是历史文化的重要承载者和传递者。代表性传承人所承载的精湛技艺、实践经验、文化记忆和传承能力，是非物质文化遗产传承发展的核心内容与动力来源。由于代表性传承人在非物质文化遗产传承中的核心作用与不可替代性，加之国家级代表性传承人普遍年事已高，对他们及其技艺的记录任务尤为紧迫。全面、真实、系统地记录国家级非物质文化遗产代表性传承人掌握的知识和技艺，不仅可保留中华优秀传统文化基因，也为后人研究、宣传、利用非物质文化遗产留下宝贵资料，对传承和弘扬传统文化、构建中华民族优秀传统文化传承体系具有重要意义，这是一项与时间赛跑的工作。

　　将抢救性记录中的口述访谈内容梳理转化成口述史，这是一项极为繁重的工作，不仅要保留口述真实的特点，还要强调语言文字的严谨。该丛书是浙江在开展国家级非物质文化遗产代表性传承人抢救性记录工作的基础上，组织专家、专业人员撰写，在编纂过程中，既尊重传承人口述的真实性，又兼顾可读性，在不改变传承人原意的前提下对文字进行了部分调整。

　　该丛书以传承人为单元，一人一书，单独成卷。从传承人第一人称口述的角度，记录国家级非物质文化遗产代表性传承人传承实践的丰富历程，讲述他们多彩的人生故事。该书还对传承人所属的项目进行介绍，从文化价值、存续状况、传承保护等方面叙述项目的基本情况，从生平事迹、学艺师承、授徒传承等角度阐述传承人的生平经历。丛书的重点定位在传承人的从艺经历、实践经验、传承状态等内容，此外，与传承人相关的人员分别从不同角度多层次地补充了传承人的经历。书中还附有传承人个人年表、文献图录等，提升了丛书的学术价值。

该丛书由浙江省非物质文化遗产保护中心主持编纂，组织非物质文化遗产专家、文化学者、出版社编辑等讨论丛书的框架、体例、版式；丛书分卷作者用心编撰书稿，反复斟酌文字，不厌其烦地查阅资料、核对内容；代表性传承人及其家人也积极主动参与了丛书的编撰过程。各方的共同努力，终于促成了该丛书的付梓。

我们相信，"浙江省国家级非物质文化遗产代表性传承人口述史丛书"能为非物质文化遗产保护工作者、研究者铺路搭桥，提供丰富、翔实、鲜活的第一手资料，同时也希望能让记录成果更好地发挥作用，让非物质文化遗产保护成果惠及大众，为社会共享。

丛书编委会

目　录

第一章　项目概况

畲乡夜景（叶庆荣拍摄）

国家级非物质文化遗产：畲族民歌

　　畲族民歌是畲族人喜闻乐见的民族民间艺术，有着自己独特的风格、色彩和魅力。畲族民歌多次晋京、出国交流演出，名扬中外。2008年，浙江景宁畲族民歌经国务院批准列入第二批国家级非物质文化遗产代表性项目名录。

浙江景宁敕木山畲民调查记

一、历史沿革

畲族是"大分散、小聚居"的民族，是一个具有悠久历史的少数民族，也是一个不断迁徙的民族。畲族自称为"山哈"，"哈"畲语意为客人。畲族有自己的语言，但没有文字。从福建迁到浙江，基本上是一家一户或几家几户逐年迁移，没有固定的路线。畲族民歌就是畲族人民在生产、生活、迁徙的过程中创作的口头文学，是畲族人民智慧的结晶，是畲族传统文化的重要组成部分。多数畲族民歌作品储存于畲民头脑之中，通过口头代代相传；部分畲族民歌是畲民根据当时的场景即兴创作；也有部分民歌以用同音汉字记录畲语的手抄本流传民间。

畲族自有自己的民族"记忆"起，就有了独特的歌唱习俗，其文化与音乐的传承主要靠畲族民歌口传身授。畲族以歌代言，故赋予民歌以"歌言"的独特称谓，"山哈歌言"被畲家人视为传家之宝。旧社会时的畲民没有接受文化教育的机会，把学歌唱歌视为一种重要的

畲族迁徙途中

对歌（柳湘云拍摄）

文化生活。

畲族自唐代迁入浙江景宁后，大多居住在交通闭塞的山区，保持自己固有的生活方式和生产方式。畲族民歌作为最具自身特色的畲族文化一直传承至今。据上海同济大学教授、德国人哈·史图博与他的学生李化民于1929年合作撰写的《浙江景宁敕木山畲民调查记》载：畲民没有自己的书面语言……一些民歌确实是他们创作的，这些民歌是在劳动中或过节，特别是举行婚礼时一起唱的……因而畲族民歌是畲族人民智慧的结晶，是畲族文化的“明珠”。她不是由以作曲为职业的文人创作，而是经过许多人、许多年代由简到繁逐步形成和完善的，通过口传心授世代相传扎根于人民大众的民间音乐。

畲民喜唱山歌，凡劳动生产、接待客人、谈情说爱、嫁娶喜事、逢年过节乃至丧亡葬事等，畲民均以歌为乐，以歌抒情，甚至以歌代哭，长夜盘歌，每每通宵达旦，历数日夜而不衰。

畲族民歌一般以四行、七言体韵文为一条，四句为一首，也有少数歌词第一句为三个字或五个字，讲究押韵，第三句末字须为仄声。

景宁畲族自治县

浙江省民间艺术之乡（畲族山歌）

浙江省文化厅
二〇〇六年六月

浙江省民间艺术之乡（畲族山歌）

二、表现形式与特征

唱山歌是畲族人民劳动和生活中一种最为重要的文化活动形式，男女老少，人人善歌。畲民以歌代言，以歌叙事，形成了劳作对歌、"三月三"歌节、来客盘歌、婚庆喜歌、祭祀颂歌、丧葬哀歌等歌俗。

畲族民歌的歌词，题材内容极为丰富。有神话传说歌、小说歌，还有关于天文知识、地理知识、历史知识、劳动技能、做人处世、伦理道德、消

畲族民歌手抄本

遣娱乐及男女欢爱的"杂歌"。民间保存的畲族民歌手抄本浩如烟海，历来受到我国民间音乐界及民间文学界专家学者的重视。

因畲族往往以歌代言，畲民能言即能歌，故畲族民歌分布与畲族居住地分布基本相同。

浙江畲族民歌主要分布在与闽东毗邻的洞宫山北麓的浙南一带。具体为丽水市的景宁、云和、青田、松阳、遂昌、龙泉、庆元；温州市辖的泰顺、平阳、苍南、文成、瑞安。此外金华市、衢州市、杭州市辖地山区也有零散分布。

（一）按不同的地域划分的曲调形式：

由马骧与缪杰在《中国民间歌曲集成》（浙江卷）中首先提出浙江山歌基本调分为景宁调、丽水调、龙泉调、文成调、平阳调、泰顺调等6种。其中：

1.景宁调的主要流行地为景宁畲族自治县、云和县、建德市、淳安、桐庐等畲族聚居地。

2.丽水调的主要流行地为丽水、青田、松阳、武义、金华、衢州、富阳、泰顺、文成、平阳、苍南等十几个县、市的畲族聚居地。

3.龙泉调的主要流行地为龙泉。

4.文成调的主要流行地为文成、瑞安。

5.平阳调的主要流行地为平阳、苍南。

6.泰顺调的主要流行地为泰顺。

景宁调与其他调区的山歌在曲调基本形态方面拥有共性，但也

有别具一格的独特个性。景宁山歌曲调朴素单纯、雅朴清丽、舒展抒情，旋律调式以传统五声音阶的角调式为主，音列为１３５６，缺商音，音域在六度以内。每个乐句中有一个抒叹性的长音"哩"，并且句间顺语气节律均作抒叹性的延长，节奏前紧后宽。旋法常以宫音为中心，直上直下的纯五度、大六度大跳间以迂回级进、小跳下行到调式主音。节拍形式以２／４、３／４混合型为主。

从文化人类学上来说，景宁山歌在保留遗存方面，比迁徙地更具原始性和古老性，如"do—la—sol—mi"四音列的角调式是畲族最古老的曲调，在迁徙地的闽东及更早的粤、赣、闽三省交界地区已基本不见，而浙江却多有留存，主要集中在景宁和毗邻的云和两县。

（二）按照文学题材划分的类型：

畲族民歌按其文学题材分为叙事歌、仪式歌、杂歌三大类。

1. 叙事歌：主要有神话传说歌和小说歌。

畲族的神话传说歌，主要有《高皇歌》《古老歌》《封金山》等。其中最值得关注的是《高皇歌》。

《高皇歌》是一部民族神话传说歌，记述了畲族传说中的始祖龙麒开创畲族基业的故事，以及民族大迁徙的史实。它是一部具有较高文学价值和史料价值的文艺作品，不但是畲族人民的族宝，也是中华民族文艺宝库中的瑰宝。

小说歌，是畲族人民的传统叫法，是一种长篇故事歌，题材内容大都取材于我国民间流传的戏曲、曲艺中的故事，如孟姜女、梁山伯

畲歌对唱

与祝英台，等等。

2.仪式歌：主要有婚仪歌、祭祖歌和功德歌三种。

婚仪歌是在举行结婚仪式前后所唱的歌，内容与畲族婚俗紧密相关，其歌词中包含着丰富的畲族传统习俗，是研究畲族民俗的宝贵资料。从畲族人民几千年沿袭下来的婚礼习俗上可以清晰地看到，婚俗的每一个环节都与畲族民歌息息相关，可以说畲族民歌贯穿始终，蕴含着先人的智慧以及和睦共处的美好祈愿。

祭祖歌是过去畲族最重视的民间信仰活动——祭祖时所唱的歌。

功德歌是在畲族丧仪中所唱的歌。

3.杂歌：泛指叙事歌以外的，各种题材内容的民歌。杂歌的题材内容非常丰富。有传授农事知识类的，如《节气歌》等；传授生活知识类的，如《十二时辰歌》等；传授文化知识类的，如《字歌》《读书歌》等；有反映娱乐生活类的，如《迎客歌》《送客歌》等；还有诙谐风趣类的，如《大讲歌》等；而杂歌中以反映男女恋情的题材最多，艺术上也最为出色，如《带子歌》《蜂蝶恋花》《隔山种竹》，等等。

三、文化特点和文化价值

长期以来，畲族民歌作为畲族人民的一种口头传承音乐艺术，有着自己独特的文化特点，并且在畲族传统文化体系中有着极其重要的地位。

民歌手台上对歌

（一）文化特点

1. 音乐的民族性。与所有的民族民间音乐一样，畲族民歌因其产生的特定历史渊源、生活环境和文化习俗等因素使然，它的音调有着显著的本民族风格特征。尽管畲族居住环境的周围都是汉族的村落，但是畲族民歌音调与四周汉族民歌的音调却截然不同，畲族民歌所呈现出的个性特点更为浓烈，更具独特性，并且能够数百年持续保持自己的民族音乐特色不变，难能可贵。

2. 假嗓演唱的特色性。畲族民歌的假声唱法具有悠久的历史和独特的魅力，具有"恬静、纤嫩、清秀、古朴"的特点。这种假声既不同于西北音乐文化区中山曲、爬山调、信天游、花儿的假声那么凌峭、空旷；也不像西南文化区中的彝歌、苗歌的假声那么奔放、悠长；更有别于内蒙古大草原牧歌的假声的热情、疏野，在演唱风格上具有一种古朴、含蓄、自然的特点。

（二）文化价值

1. 独特的研究价值。畲族民歌是深深扎根于生活的原创艺术，畲族民歌的歌词是触景生情的即兴之作。不同地域的民歌即使歌名相同，歌词也不尽相同，极具地域性。它涵盖生产生活的各个领域，包罗万象，数量庞大，是畲民获得各类知识、启迪思想、寄托情感的百科全书。畲族民歌普及率较高，常以歌代言，沟通感情；以歌论事，扬善惩恶；以歌传知，斗睿斗智。特别是畲族民歌中独特的"三条变"格式的"复沓"手法，是我国民族文艺宝库中的瑰宝，体现了中

畲族三月三对歌

对歌

华民族音乐文化的完整性和多样性，具有较高的学术研究价值。

2. 重要的民俗价值。畲族是只有语言、没有文字的民族，而畲民常常以歌代言，以歌叙事，以歌抒情。畲族民歌是畲族人民在漫长的历史长河中，在社会和生产实践中形成的口头文学，是畲族人民精神、思想、感情的结晶，是民族民间文学与民族民间音乐的有机结合。因此，畲族民歌在畲族文化的传承中起着重要的作用，成为散杂居畲民族文化认同的标志，畲族民歌紧紧依附于本民族的各种民俗活动，如举行婚嫁仪式时唱的"嫁女歌"，举行祭祀仪式时唱的"祭祖歌""功德歌""哭丧歌"等，具有重要的民俗价值。

四、传承与发展情况

畲族民歌与畲族的历史息息相关，反映了畲族的宗教信仰、风俗习惯和审美情趣，是畲族传统文化的重要组成部分。畲族民歌作为国家级非遗项目，景宁畲族自治县非常重视其保护与传承工作。

（一）开展畲族民歌传承

1. 开展普查摸底。对全县 120 多个有畲民居住的村落和 670 多位畲族文化传承人进行走访，调查 2000 多个普查项目，通过文字、录音、影像等数字化多媒体手段对畲族民歌的表现形式进行真实、完整

畲族民歌手对歌

的记录。积极搜集相关实物资料，对其进行科学分类、编目，为畲族民歌建立全面的、系统的、立体的档案，并妥善保存、科学管理和合理利用。建立畲族民歌音像数据库，汇集全国各地畲族民歌的各种调式，使各类文字资料逐步健全。

2. 开展畲歌进校园。教育引导畲族青少年学习继承传统民族文化，广泛认同本民族文化的精髓，争做本民族文化的传承人。在民族中学、民族小学建立畲族艺术传承学校，把畲族民歌教学引进校园，组织畲族民歌传承人进课堂，教学生唱畲歌；把畲族民歌作为校本课程写进教材，传承畲族民歌从儿时抓起，传承力度不断加大。

畲族姑娘在山上砍柴时对山歌

3. 建立品牌机制。景宁畲族自治县从2008年开始举办中国畲族民歌节，至今为止已经举办了九届。通过举办中国畲族民歌节等文化品牌活动，为畲族文化建立了与外来文化进行有效交流的机制，使得畲族文化在与外来文化的接触与交流中，不断获取发展的资源和动力，进一步提高了畲乡景宁的知名度。

4.举行宣传活动。利用各种载体开展畲族民歌传承发展宣传活动，举办畲族民歌大赛、"唱响畲乡"畲族民歌原创歌曲大赛等活动，挖掘一批原生态畲族民歌。结合文化和自然遗产日，通过宣传咨询、发送资料、举办展览、专题展演、座谈等形式，从多侧面、多角度、多层次与畲族民歌传承发展的"零距离接触"，呼吁大家都加入畲族民歌传承发展的队伍中，积极参与畲族民歌传承发展的活动。

（二）畲族民歌创新发展

畲族民歌是畲族人民在生产、生活中创作的口头文学，景宁畲族自治县立足提升，大胆创新，畲族民歌国家级非物质文化遗产代表性传承人蓝陈启及一大批当地的畲民以联合创作或个人创作的形式，赋予传统畲族民歌以新的时代元素，创作出一大批畲族新民歌。比如蓝陈启作为全国119消防奖先进个人、浙江省十佳消防志愿者的消防宣传大使，浙江省第二届最美禁毒人的形象大使，创作了大量的防火、禁毒等时政歌，如《禁止毒品进校园》《清剿火患歌》等。畲乡一大批畲歌爱好者创作的曲调

开展景宁县畲族山歌普查与保护工作会议

畲族民歌进校园活动

畲族民歌节

大型盘歌会

新颖、形式多样的畲族民歌新作，如《畲水秋歌》《畲乡唱晚》《畲家三月三》《畲乡风雨桥》《茶山情歌》《敬茶歌》等在省市各类大型比赛中频频获奖。同时根据畲族民歌音乐丰富多彩的歌词积累和变化多样的调式，文艺工作者们运用现代创作手法，先后创作出了四幕风情歌舞剧《畲山风》、四幕畲族音乐舞蹈诗《畲家谣》代表浙江省分别参加了第二届、第三届全国少数民族文艺会演，连续两届获得了创作金奖；大型畲族风情舞蹈诗《千年山哈》代表浙江参加第四届全国少数民族文艺会演，获得第四届全国少数民族文艺会演表演金奖、剧目金奖等多个奖项，其中《三月三歌会》还单独获得第四届全国少数民族文艺会演节目奖。由央视七套拍摄、播出的四幕大型畲族风情歌舞《诗画·畲山》，得到了当地人民乃至其他省市专家学者的一致好评，同时也扩大了宣传范围和力度，对提升畲族民歌创新发展起到了积极作用，也为古老的畲族民歌接轨现代社会探索出一条成功的路子，进一步提高了景宁畲族民歌的知名度，让畲族民歌长唱不衰，经久不息。

畲族民歌专辑

畲族歌手山歌演唱交流会

第二章　人物小传

畲族民歌国家级非物质文化遗产代表性传承人蓝陈启

蓝陈启，1938年出生，女，浙江省景宁畲族自治县鹤溪街道敕木山村人。2009年5月26日，入选国家级非物质文化遗产代表性项目（畲族民歌）代表性传承人。

蓝陈启出身于一户普通的农家，小时候家里穷，没机会念书，所以都是跟着父母去田里劳作。妈妈经常用山歌哄蓝陈启开心，还教蓝陈启唱山歌。慢慢地，她就迷上了畲族山歌。

蓝陈启的奶奶也是远近闻名的山歌手，蓝陈启最喜欢做的事情就是成天缠着奶奶和村里的老人们给她唱《高皇歌》等古老的畲族史歌，也会寻机会跟着村里的哥哥姐姐们去听情歌对唱，回到家中，蓝陈启就自己偷偷地学唱。慢慢地随着年龄增长，蓝陈启不仅学会了奶奶、妈妈教的山歌，还能自编自创歌词，现场演唱畲族山歌，一时间成了当地远近闻名的畲族女歌手。

1994年，日本方通过景宁畲族自治县人民政府邀请蓝陈启去日本参加在福井市举办的环太平洋民间艺术祭（节），蓝陈启很开心地答应了。抵达日本后，蓝陈启和艺术团成员一起到福井、敦贺、大阪等地巡演，演出内容以畲族民歌（男女对唱）和畲族民间工艺（编织畲族彩带）为主。即便面对完全陌生的观众和环境，蓝陈启的畲族山歌却也唱得有板有眼，演唱水平发挥得淋漓尽致，演出非常成功。这让蓝陈启一颗悬着的心也终于放下。后来在大阪演出时，团长临时通知蓝陈启要加演《高皇歌》，蓝陈启没做准备，但她也不知是哪儿来

1994年蓝陈启（第一排左三）在日本演出剧照

的热情和勇气，竟然一口气连唱了五个《高皇歌》片段，且每个片段都一字不差。所有在场观众都为古老畲歌浑然天成的特色所倾倒，台下掌声雷动。蓝陈启在如潮的掌声中禁不住热泪盈眶，心中对自己说：我成功了，我做到了，我把畲歌唱到国外了……

　　景宁畲族自治县成立后，作为省文明村的双后降迎来了许多游客，他们慕名来到蓝陈启家，想听一听正宗的畲族山歌。多位省委书记也都到蓝陈启家看望蓝陈启，最令蓝陈启难忘的就是习近平总书记到家里来看望她的场景和对她的细心叮嘱，至今蓝陈启依然历历在目。那天，阳光明媚，时任浙江省委书记的习近平来到蓝陈启家，他拉着蓝陈启的手问长问短，亲切地问她生活怎么样，专门去看了她家的粮仓，看到有那么多的粮食，习近平很高兴，询问她房间里挂的皮衣服是谁的。还特别认真地听了蓝陈启唱山歌，听完后，习近平再三叮嘱蓝大妈：畲族民歌是瑰宝，一定要好好传承下去。后来蓝陈启在参加浙江省文化厅举办的学习习近平总书记在浙江考察时的重要讲话精神座谈会上，还专门编了两首歌来表达内心的情感。

　　蓝陈启牢牢记着习近平总书记的叮嘱，决心把畲歌好好地传唱下去。她招收了大量的徒弟，年龄从十岁至六十岁，经常把他们集中到自己家里，教他们唱畲歌。一开始，大家都很胆怯，不敢大声唱出来，蓝陈启就指定每人唱一句，渐渐地大家习惯了，兴趣愈来愈浓，到了农闲的时候、晚饭的时候，即便蓝陈启不去召集他们，他们也会

蓝陈启的畲族民歌国家级非物质文化遗产代表性传承人奖章

主动到蓝陈启家聚会，用畲歌来交流，来打趣。从那时起，蓝陈启组建了畲乡最早的畲歌队。每年的三月三、非遗展演、县里的重大活动，蓝陈启都会带着她的徒弟们去参加。

蓝陈启被评为畲族民歌国家级非物质文化遗产代表性传承人后，感觉肩膀上的担子更重了，她经常到学校、单位、军营等地教唱畲族民歌。蓝陈启被民族小学、民族中学聘为畲族民歌老师，到学校去给学生们上课，每周一节课。这个课程是大课，是由多个班级的热爱畲歌的学生一起上的，课堂气氛非常好，很受老师和学生们的好评。蓝陈启在两所学校轮流跑，这一教就是五年。

为了更好地宣传消防安全知识，蓝陈启自编了山歌进行宣传。担任起景宁老年夕阳红消防志愿者服务队队长，起初以吹拉弹唱吸引群众来学习消防知识，后来则把消防安全知识融入她们的表演当中，并先后创作了十余首消防山歌，这些本土的优秀作品让群众更容易接受，得到了社会的一致好评。

蓝陈启还是景宁畲乡禁毒形象大使。为了做好禁毒宣传，蓝陈启也专门编了山歌："世上毒品危害人，害了世上许多人，查到毒品要禁止，吃到毒品要判刑。"还有一首是："碰到毒品会上瘾，害到小孩害家庭，千万不要碰毒品，害了生命害了国。"用山歌的形式宣传禁毒，效果特别好。

当时双后降村被县里正式列为畲族文化旅游村。蓝陈启开始忙上了，不仅要带领徒弟和村里的人学唱山歌，还要编排畲族婚俗节目，好让外来的游客体验畲族风情。畲族婚俗表演就放在蓝陈启家里，蓝陈启的儿子、女儿、儿媳全都上场，拦路、借镬、杀鸡、劝酒、对歌等一系列节目的编排让蓝陈启忙得不亦乐乎。此外，蓝陈启还客串男方女主人，她儿子也经常扮新郎，每年得当上几百回"婆婆"，接回几百个"新媳妇"。1999 年，全村共接待游客万余人，仅旅游一项收入就逾十万元，大大改善了村民的生活。此后，双后降畲族村又被列为省双文明村。更多游客来到蓝陈启的村子，到蓝陈启家聆听畲族山歌，了解畲族风情，体验畲民生活。

2001 年 10 月，蓝陈启参加了"浙江省暨杭州市首届老年文化艺

蓝陈启（第二排左五）参加浙江省第二届最美禁毒人颁奖

术周"，获得了彩带编织才艺表演制作奖；2004 年，蓝陈启获得了首届"银龄美大赛"浙江赛区组委会最佳参与奖及"浙江魅力老人"的荣誉称号；2006 年，蓝陈启被评为"浙江省民间艺术家"；2008 年，蓝陈启获得了"畲族歌王"称号，成为第一批"浙江省非物质文化遗产'畲族民歌'代表性传承人"；2009 年荣获"国家级非物质文化遗产项目（畲族民歌）代表性传承人"称号，同年还被授予首批浙江省"优秀民间文艺人才"；2010 年蓝陈启荣获了浙江省非物质文化遗产保护十大新闻人物称号；2011 年蓝陈启参加由浙江省公安厅、省综治办和新华通讯社浙江分社联合举办的"浙江省十佳消防志愿者"评选活动，蓝陈启成为丽水市唯一一位获此殊荣的参选者。2012 年当选为丽水市首届"十大优秀非遗传承人"；2015 年光荣地当选了浙江省的"禁毒大使"，是丽水市唯一的大使代表。2017 年蓝陈启被授予浙江省传统音乐传承特别贡献奖。

　　《中国文化报》《浙江日报》《文化月刊》《浙江老年报》《丽水日报》《畲乡报》及中央、省、市、县电视台等多家新闻媒体都报道了蓝陈启的事迹。《浙江老龄》《瓯江警声》等刊物还曾刊登蓝陈启的照片为封面。

2001 年 10 月蓝陈启荣获浙江省首届老年
文化艺术周才艺表演制作奖

2006 年 6 月蓝陈启被授予"浙江省民
间艺术家"称号

2004 年 9 月 25 日蓝陈启荣获全国银龄美
大赛"浙江魅力老人"称号

2008 年 1 月蓝陈启被评定为第一批浙
江省非物质文化遗产"畲族民歌"代
表性传承人

2006 年 6 月蓝陈启被授予"景宁县民间
艺术家"称号

2008 年 9 月蓝陈启被评为景宁畲族自
治县 2008 年度老龄工作先进个人

2008年12月蓝陈启被授予景宁畲族自治县从事文化事业奖

2009年10月蓝陈启被确定为首批浙江省"优秀民间文艺人才"

2009年5月26日蓝陈启荣获国家级非物质文化遗产代表性项目（畲族民歌）代表性传承人证书

2009年11月被评为丽水市非物质文化遗产项目传统音乐·畲族民歌代表性传承人

2009 年 5 月 26 日蓝陈启被公布为国家级非物质文化遗产项目 (畲族民歌) 代表性传承人奖章和奖杯

2009 年 5 月 26 日蓝陈启被评为国家级非物质文化遗产项目 (畲族民歌) 代表性传承人

2009 年 6 月蓝陈启被评为浙江省非物质文化遗产保护十大新闻人物

2009 年被评为景宁畲族自治县非物质文化遗产项目畲族民歌代表性传承人

2010 年 6 月 1 日被聘请为景宁畲族禁毒形象大使

2012 年 3 月被评为丽水市 2011 年度消防工作先进个人

2011 年 4 月被授予浙江省十佳消防志愿者

2012 年 6 月蓝陈启荣获丽水市首届"十大优秀非遗传承人"

2012 年 3 月被评为全省"清剿火患"战役成绩突出个人

2012 年 10 月蓝陈启参加《千年山哈》演出获得五个一工程入选作品奖

2014年1月蓝陈启被评为景宁畲族自治县文化遗产保护先进工作者

2017年3月30日蓝陈启荣获景宁畲族自治县"中国好畲娘"称号

2015年12月蓝陈启被评为景宁畲族自治县优秀非物质文化遗产项目代表性传承人

2017年10月蓝陈启被评为景宁畲族自治县非遗传承特别贡献奖

2016年6月蓝陈启被授予浙江省第二届"最美禁毒人"荣誉称号

2020年9月10日蓝陈启被评为景宁畲族自治县英华实验学校畲族山歌传承教学教师

2020 年 11 月蓝陈启被评为景宁畲族自治县非遗传承特别贡献奖

蓝陈启被授予各种先进的绶带

蓝陈启被评为 2002—2008 年度老年体育工作先进个人

第三章　口述访谈

　　本文以 2017 年浙江省非物质文化遗产保护中心组织的国家级非物质文化遗产代表性传承人蓝陈启的口述访谈为主，结合笔者与浙江艺术职业学院创作研究室主任、浙江省非物质文化遗产保护协会理事施王伟近年来采访蓝陈启的材料综合整理而成，并经蓝陈启本人及其孙媳妇雷汤菊核对确认。

一、小的时候就很热爱山歌

（一）家族史

　　采访者：蓝大妈，您好！我也跟双后降人一样叫您蓝大妈。我在有些地方看到您的名字有两个，您的名字是蓝陈启还是蓝陈契呢？

　　蓝陈启：您好，老师！我叫蓝陈启。

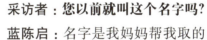

　　采访者：您以前就叫这个名字吗？

　　蓝陈启：名字是我妈妈帮我取的，叫蓝陈契，以前一直就叫这个名字的，后来因为身份证登记时，里面错掉了一个字，"契"被写成"启"，因为找不到证据，一直改不过来，就顺其自然改叫蓝陈启，所以有两个名字出来了。后来做什么都是用身份证上的名字——蓝陈启了。

　　采访者：您是哪一年出生的？

　　蓝陈启：我今年 80 岁（1938 年生），哪一年，我都快算不出来喽。

年轻时的蓝陈启

　　采访者：您是出生在哪？

蓝陈启：出生在景宁畲族自治县鹤溪街道敕木山村，我娘家就在敕木山。

采访者：**敕木山这个村的名字是以前就有，还是后来才改的。**

蓝陈启：嗯，以前就有。我妈妈也属于敕木山村人，因为，我爸爸是敕木山村的，我妈妈从另外一个小村子嫁到敕木山村，所以，我们都成了那里的人了。当时敕木山村就 30 户人家，敕木山的名字一直没改，就叫敕木山。

采访者：**你们家有几个兄弟姐妹？您在家里边排行老几？**

蓝陈启：我们家兄弟姐妹有六个。其中，四个是哥哥，加上两姐妹。老大是姐姐，中间全部是哥哥，老小是我。

采访者：**最大的跟您相差多大。**

蓝陈启：最大的是我姐姐，嫁到外地一个村，就住在那个村里，我大哥是属龙的，我就记得是属什么的，因为全部去世了，我记不怎么清楚了。

采访者：**也是在同一个村吗？**

蓝陈启：不是，是外地的一个村。

采访者：**上次您说，您出生以后，原来在敕木山村住，后来搬下来到双后降村，那一开始在敕木山住的时候，您是跟姐妹兄弟和父母在一起住，还是跟爷爷奶奶都在一块住呢？**

蓝陈启：我们一开始都住在一块的，是畲族大家庭。后来我一个哥哥去世了，其他三个哥哥全部分了家，大家都有各自的家庭了，都在各自的自留地上盖新房子了，这才分开来住。

（二）小的时候很苦，但跟山歌有缘

采访者：**那小时候，您是什么时候开始知道周围的人都在唱山歌呢？**

蓝陈启：我奶奶全家，我姥姥全家，还有我妈妈，大家都唱山歌。我妈妈告诉我怎样唱，我不知道是哪一年开始的。应该是八九岁的时候。

采访者：**也就是说，大家都会唱山歌，一代一代传下来的。那小时候您是怎么开始学唱山歌的呢？**

蓝陈启：我妈妈教给我的，我跟很多人都说过了。我家里是大家庭，以前兄弟姐妹有很多，靠我妈妈、爸爸两个人干活来养活我们。我哥哥十七八岁的时候，想吃东西，没有。以前都是那样，不像我们现在生活这么好的。我还记得，我想吃番薯干，即便拼命哭，家里也拿不出番薯干来。为了哄我开心，妈妈就开始教我唱山歌。

采访者：**以前番薯干既是零食，也是主食？**

蓝陈启：嗯。没有番薯干，被我哥哥他们都吃完了。我哭起来，我妈妈叫我："女儿你不要哭了，番薯干被哥哥吃掉了，我教你唱山歌。"坐在那里，妈妈边唱山歌边摇着我，我就睡着了，就放到那里睡觉。第二天早上醒过来，我说："妈妈你昨天教我唱的山歌，我还没学会。"妈妈当时就重新教我，就这样开始学唱山歌了。

采访者：**那个时候您儿岁啊？**

蓝陈启：八九岁的样子。长大一点就上山去玩，我最小，可以去玩，玩了也拿点柴回家来，学大人唱唱山歌，是那样的。

采访者：**八九岁就开始跟妈妈学唱山歌啦？**

蓝陈启：嗯。记得有一次我跟父母在田间一直哭闹着要回家，妈妈就用山歌来哄我，我觉得山歌特别好听，就不哭了，一直跟在妈妈身后学唱山歌。后来长大了就开始上山对歌。

采访者：**那个时候，您父母基本上是以什么维持生活，是靠种地吗？**

蓝陈启：干活嘞，当时就是种田了，还有种番薯，要养家呢，家中的姐妹兄弟都指望那个。

采访者：**当时你们家种地所收获的粮食，都够一家人吃吗？**

蓝陈启：不够，我爸爸以前很喜欢打扑克牌，喜欢赌。娶了我妈妈日子过得很苦，一年到头粮食都不够兄弟姐妹吃的。粮食非常少，不够吃几天的。

采访者：当时敕木山上土地多吗？

蓝陈启：多是很多了，因为我家是大家庭，人头多，田很多，地也很多。

采访者：就是不够吃吗？

蓝陈启：嗯，因为我爸爸早年喜欢赌博，粮食就不够了，我爸爸是大赌徒，他年轻的时候出去玩，赌输了，连稻谷都卖掉用于偿还赌债。

采访者：您爸爸的兄弟姐妹多吗？

蓝陈启：我爸爸没有兄弟姐妹，我喊叔叔、大伯的那些，都是同村的长辈们，都不是我爸爸的亲兄弟，也没有亲姑姑。

采访者：那这么说，在敕木山上，其实就只有你们自己一家人，没有别的亲戚了？

蓝陈启：嗯，只有我们自己一个大家庭，当时没有分家的。

采访者：像这些儿歌，是妈妈教您的，那其他的歌您也是从妈妈那儿学的，还是在哪里学的？

蓝陈启：一开始好多歌都是跟我妈妈口头学的，学了很多以后，长大了，我妈妈就拿歌本教我。我家六代人都会唱山歌，我姥姥会唱，我妈妈会唱，我是第三代，我传给我的女儿，现在孙女也会唱了，还有昨天那个蓝黄蕾，他是我的曾孙，我也准备传给他，这样就有六代了。现在女儿、孙女、孙媳都能唱，她们以前不唱，现在都可以，蓝黄蕾是刚开始学，基本的歌也都能唱了。

采访者：妈妈教您的儿歌、史诗、《高皇歌》①什么的，也是从外婆那儿学的吗？

蓝陈启：是呀，我们畲族都是口口相传，外婆教给我妈妈，我妈妈教给我的，我的大女儿，我娘家的孙女，都是我传给她们的，这里就有四代人了。

---

①《高皇歌》是一首长达三四百句的七言史诗。它以神话的形式，叙述了畲族始祖龙麒立下奇功及其不畏艰难繁衍出盘、蓝、雷、钟四姓子孙的传说。

采访者：那您的哥哥姐姐他们会唱吗?

蓝陈启：有两个哥哥会唱。我姐姐、我嫂嫂也会唱。我侄女也能上舞台去唱歌的。

采访者：当时唱歌基本上是以在敕木山村为主，不用到别的地方去吧?

蓝陈启：不是，别的地方有人结婚需要唱婚礼歌的时候，敕木山村的女孩儿也会去唱歌。

采访者：当时村子里面有学校吗?

蓝陈启：有，学校就在惠明寺那边。

采访者：您没有去学校上课吗?

蓝陈启：敕木山有个祠堂当作学校，小孩儿看到那个牌子，都不敢进去，我去了一天就不敢去了。

采访者：去一天就不去了，为什么?

蓝陈启：我在惠明寺上学的第一天，别人弄坏了东西，赖在我小哥哥身上，我哥哥太老实，不会辩解，结果被老师用烧火的毛竹条打了。你不听话，老师就用鞭子打，叫火鞭（农村人会随手操起一根烧火用的毛竹条打不听话的小孩儿，所以叫火鞭）。把我哥哥打了一下又一下，我在对面看到了，拼命地哭起来，因为害怕，第二天就不去了。

采访者：就等于说是，您小的时候，进了一天学校，看哥哥挨打，吓得再不敢去了。

蓝陈启：嗯，我哥哥被打，我怕也会挨打，就不敢去了。现在想到，因为这样的原因不识字，哎，真的很后悔，也觉得很苦哎。

采访者：那您哥哥后来还在那上课，继续上学吗?

蓝陈启：我哥哥后来又去了，他不怕，打一下也不哭。

采访者：您是家里边最小的，您一哭就不愿意去上学了，所以他们也没有劝您吗?

蓝陈启：我们两兄妹感情很好，亲兄妹，哥哥被打我哭了。第二天早上，我爸爸妈妈对我哥哥说"你怎么不带妹妹去上学啊"，但是我不肯去。我觉得我哥哥还会被打，我也会被打，就拼命不肯去上学，后来就没去上学了。

采访者：惠明寺是一直都在那呢，还是后来才建的。
蓝陈启：一直就在那里的，房子变破旧了一些，但一直还在那。

采访者：那您小时候听老人讲过，惠明寺是怎么来的吗？
蓝陈启：我也不知道，村委会的地址就在惠明寺。那个惠明寺又叫依山头（地名），最早的土名，以后就叫惠明寺。依山头没几户人家，都是这里几户，那里几户，没有一个村落。

采访者：那您小时候的活动范围基本上就是以山上为主，别的地方也都没去过是吧？
蓝陈启：我到山上去玩啊，砍柴啊，跟我爸爸妈妈去到景宁县城啊，都去过的，学校是不去了。

采访者：您第一次到景宁是什么时候？
蓝陈启：记不住了，十几岁跟我爸爸妈妈挑柴去卖。卖了柴火的钱再买一些东西回来。

采访者：那个时候，一担柴火能卖多少钱？
蓝陈启：我那时还小不知道，大概是几块钱。现在都要一百到一千了，以前都是几块钱的。

采访者：现在物价上涨啦。
蓝陈启：嗯，当时只有几块钱，我妈妈担的柴能卖两块，我爸爸的能卖五块的样子，男人的力气大挑的柴多一点。

采访者：当时是不是没有公路，只有山路？
蓝陈启：嗯，当时没有公路，走了下来又走回去，全靠走路。

采访者：从敕木山到景宁，从景宁又往敕木山走，这得需要多

久时间？一天的时间吗？

蓝陈启：这个讲不准，早卖早回。回家的路要走上坡很吃力，都是上山岭，但基本上都是到晚上才回到家。

采访者：您说这个时候您已经十几岁了，是吗？

蓝陈启：十几岁了，但是我还不会挑担子，我就是出去走走。小孩子走路去景宁，我妈妈把背巾扎起来，拉着我，怕我走丢了。

采访者：您刚才跟我们说，您还有一次到周湖村。

蓝陈启：周湖村啊，周湖村有我妈妈家的三亩地。三亩地的稻谷都要挑到敕木山去打。打完稻谷以后，米还要筛糠清理。现在还有这样的劳作方式。我妈妈采来豆子了，豆子的叶子，我也帮忙拿掉。她一头挑，挑不动的时候我也帮忙拿一些豆子出来自己挑，就这样。我十几岁时还走不上去啊。

采访者：您刚才说，有一次您跑到周湖村，给人送信，那时候您几岁？

蓝陈启：也就是十一岁的样子，不会挑担子，手里拿着，送信那个时候也是十几岁。

采访者：是送什么信？

蓝陈启：我跟你说过了，以前（解放战争时期）国民党反动派在我们村搜捕共产党员，有一位共产党员藏身在我娘家楼上，在楼上住了一天。

采访者：谁住在那儿？

蓝陈启：就是办事的那个共产党员，办事的都住楼上的房间，洗脸水、开水都是我送上去，（那个共产党员）对我说：女孩儿你不要讲出去了，国民党要是知道我在这里，你爸爸和我都要被砍头的。

采访者：是你爸爸住在楼上，还是有生人在楼上？

蓝陈启：爸爸也一起的，在那里一起工作，跟共产党员一起。我那时是小孩，让我不要讲出来。后来他们写信了，让我送到惠明寺，送到周湖村去。我一个人去的，胆子很大的，很快的把信丢那边，又回来。

采访者：**送到周湖村，那里的人您认识吗？**
蓝陈启：周湖村里面有几个人认识的。

采访者：**也有认识的人？**
蓝陈启：嗯，是通信的。

采访者：**您从敕木山上一路走下来，到了周湖村，找谁，送给谁，你爸爸都给你交代了吗？**
蓝陈启：交代了给谁，我们大家都知道，但泄露出去了要砍头的。

采访者：**您送信的时候，有没有暗号？**
蓝陈启：都告诉我了，不讲话，信拿给他，接进去，我就跑了，没有跟他讲话。我那个时候十几岁了，惠明寺那边也一样，那个村子两家来了几个人在那里办事的，我送去，他们拿进去，就回来。

采访者：**第一次送信，害怕吗？**
蓝陈启：不怕，父亲都告诉我了，"你不要怕，不要讲话，送到了，你就回，路上也不要拿出来看"，都告诉我了。新中国成立以后，我也入党了，是老党员了。

采访者：**您小时候还挺机灵的，平时除了在家里边干家务，还帮着父亲去送过信。您前面也说过，您那个时候才十几岁，做饭之类的家务活都是您自己做吗？**
蓝陈启：在家里，我负责烧开水，我爸爸妈妈在田里干活，我每天要送开水给他们喝。以前没有电饭锅，用柴烧饭，一般姥姥烧饭，我烧火。我四哥在侄女刚出生就与四嫂离了婚，侄女没人看顾，照顾她的事情大多落在了我的身上。我那时候很辛苦，因为照顾这个孩子，几夜都没有睡好觉，抱来抱去，我妈妈要干活，都是我来当"妈妈"。

采访者：**那个时候您多大啊？**

蓝陈启：那个时候我十四五岁的样子，我又要帮忙烧饭，又要带我那个侄女。我妈妈干活回家了，对我那个侄女讲，"你姑姑带你辛苦了，现在奶奶回来了来带你"，我就跑了。我以前都没被妈妈打过，只是因为侄女，被妈妈连着打了两次。后来，我带侄女玩的时候，我唱歌，她也学唱，就这样把侄女也教起来了。

采访者：您的姐姐呢？姐姐那个时候都已经嫁了？

蓝陈启：我姐姐嫁到外村了。嫁出去唱了两天两夜的山歌，我好多歌都是在那里学的呢，《赤郎①歌》就是那里学来的。

采访者：姐姐出嫁的时候，您也去参加婚礼？婚礼上要唱歌吗？

蓝陈启：我是代表娘家人去参加婚礼的。我姐姐是老大，老大嫁出去，来接新娘的队伍到我家时要唱歌，我当时是小孩子最喜欢听歌了，她们教给我好几首山歌，其中《赤娘歌》《拦路歌》这两首都是那时学的。

采访者：您当时是从那儿学的。那当时来当赤郎赤娘的都是本村的人，还是从外边找的？

蓝陈启：接我姐姐去男方家的赤郎，是男方找来的。以前女方家举行婚礼的时候，赤郎都是从外村找来的，担鸡来女方家的女孩子（接姑）也是外村来的。女方家里帮忙的赤娘一般是本家或者本村的女孩子，主要负责唱歌、拦路和劝酒。女方的亲戚要来女方家里喝酒，比如说我爸爸的舅公、我的表舅舅、亲家舅等等。有十几桌客人，赤娘要唱歌的，每一桌都要去唱歌劝酒，到了晚上也不睡觉，而是赤郎赤娘互相对歌，叫盘歌，要盘几天几夜。在婚宴中还会玩一个叫作"回盘"②的游戏，"回盘"就是点心的意思，用男方家挑过来的鸡，摆成一盘，大家围着回盘坐，把回盘进行转圈，"鸡头锅鸡头锅"这样念起来，突然停下来的时候，鸡头朝向谁谁就得罚酒，若喝不下酒就罚唱歌，我记得那个是最好玩的游戏，我还是女孩子的时候看过。

采访者：就等于说那个时候您看到了这些结婚的场面，印象最

---

① 赤郎：畲族人婚娶时，既会唱山歌，又能当厨师的人。
② 回盘：旧时婚俗之一，指女家对男家所送聘礼的回礼。

深的是姐姐出嫁的时候，还学到了不少的歌，是吗？

蓝陈启：我吗？是的。我姐姐的婚礼歌唱了两夜，另外村的婚礼歌也唱了两夜，我都去听，我很喜欢，都学来了，还教给了我的侄女。后来解放了，大家见我唱来唱去，就对我说：你可以去录歌啊，你唱得这么好。

采访者：您说过有人教了您蛇拳，您是跟着谁学的蛇拳，打拳？

蓝陈启：小孩子学着玩玩，师父是娘家村里的人，名字想不起来了。

采访者：村里面的男人都喜欢练拳吗？

蓝陈启：青年喜欢的多。

采访者：你的哥哥，你爸爸会打拳吗？

蓝陈启：哥哥那时还小，也没有上学，我爸爸会打拳的。当时我爸爸正在吃饭，刚好有国民党过来抓壮丁。年轻人吃饭的时候都要当心被抓壮丁的，那次来我家的时候，我爷爷正在做草席，我在大厅自己玩，国民党就过来抓壮丁了。来到我家，问我爷爷"你儿子在哪"，我爷爷说"我没有儿子"，他们一巴掌就打过来，打我爷爷，我都不敢哭。又问我"那个女孩儿，你爸爸去哪里了"，我摇摇头，不敢说话。后来我们村的保长过来替我们解围才罢了。

采访者：保长也是畲族人吗？

蓝陈启：嗯，是我们敕木山村的。

采访者：就在你们家的下面是吗？

蓝陈启：是老家的对面。

采访者：保长人还是挺不错的。

蓝陈启：保长当时对我家很好，关照了我爷爷和我，我们村的保长是这样的，别的村就不知道了。

采访者：就是说当时你看到了国民党抓壮丁。

蓝陈启：嗯。我奶奶是很厉害的，回家看到爷爷被国民党兵打，抽起挑稻谷的扁担就去打国民党兵，他们看到我奶奶这样，拿着棍子、鞭子想要打我奶奶，我奶奶端着尿桶，跑到田里，在尿桶里装上泥啊，水啊的，全泼到那些国民党兵的身上，就这样，国民党兵看到在我家讨不到好处就离开了。

采访者：奶奶还挺厉害的。

蓝陈启：嗯，力气很大，我的侄女也很高，力气也很大，那一次国民党兵被我奶奶赶跑了，以后就不敢来了。

采访者：您家里边奶奶比爷爷还厉害。

蓝陈启：有一次国民党兵来我家菜地里拔菜，大蒜啊，葱啊，菜啊，都要拔走，我奶奶就要跟他们拼命，他们就不敢来了。别人家的鸡被抢走了都不敢要回来，但是因为我奶奶这么厉害，所以他们不敢动我们家的。

（三）成家立业后日子虽然很苦，但依然坚持唱歌。

采访者：您八九岁的时候，开始跟着妈妈学歌，到最后解放了，包括解放前，国民党来拉壮丁的事您都讲了，您那时候是个特别乖的女孩儿，那您在跟着母亲学歌以后，什么时候开始自己唱了？周围的人听到您唱的山歌，怎么评价您，您有印象吗？

蓝陈启：嫁人之前，我经常跟别人对山歌，解放以后，嫁到我老公的村，在这个村有很多年轻人，他们办了一个俱乐部，就在我家门口那个食堂里。那时，我吃过晚饭后经常抱着小孩儿去俱乐部看看，发现大家的歌都唱得不太好，我是喜欢唱歌的，于是就那样开始和大家一起唱歌。

采访者：您那时候是一个特别乖的孩子，是怎么跟您的丈夫认识的？

蓝陈启：解放的时候，我十八九岁的样子，我老公那时十八岁，是张村乡的领导，来我们这边开会，我也参加了会议。

采访者：是所有村民都得参加会议吗？

蓝陈启：是干部会议，我们就是这样认识的，他中意我，我也中意他，我们就这样开始的。

采访者：**也就是说第一次认识的时候，是他给你们村民开会。**

蓝陈启：是的，是在我们村里给村民开会。

采访者：**您第一次看到他，有什么印象?**

蓝陈启：那时他是年轻的男孩儿，我是年轻的女孩儿，大家一起开过会，后来路上碰到就聊起来，他说"你中意我当你老公吗"，就这样。

采访者：**也就是说开会的时候，他看上您了是吗?**

蓝陈启：当时人多，我害羞地拒绝了他，自己回家了，后来经过一段时间熟悉了以后就同意了。

采访者：**一开始你们还比较生疏，他就跟您开玩笑说让您做他老婆，您当时就没同意。**

蓝陈启：是的，不熟悉，没那么容易就同意的。随着慢慢交往熟悉了以后，才跟他结婚了。我嫁到我老公家这边，他们家是老房子，我娘家的房子很好，老公这边房子矮矮的，当时很后悔。

采访者：**他这边的家没有您家好看。**

蓝陈启：不好看，房子破破的。

采访者：**他们家这边人口多吗?**

蓝陈启：很多。老公家是一个小村子，只有几户人家，没有那么多的房子，一大家子人都挤在一个破房子里。

采访者：**您回娘家得走多久?**

蓝陈启：走慢一点要两个钟头。以前都是中午干完活，晚上去娘家，第二天早上早早又要回来干活。

采访者：**你们的认识基本上算自由恋爱了吧?**

蓝陈启：当时不能自由恋爱，必须经过父母同意才行，问过爸爸妈妈，爸爸妈妈同意了就嫁过来了。

采访者：**当时您爸爸妈妈同意这边吗?**

蓝陈启：同意。

采访者：您结婚的时候，您老公也带了赤郎去您家接亲吗？

蓝陈启：我结婚的时候是没有很大排场的，也没有按照畲族婚礼的仪式来接亲。因为我老公是当领导干部的，不准大摆酒席，所以人不多，我娘家的舅舅、叔叔、大伯这些人，总共才摆五桌酒席，还有老公他自己家亲戚摆了两桌。

采访者：也就是说您结婚的时候不是那么热闹？

蓝陈启：没那么热闹，我结婚的时候没有唱歌，因为老公是当领导的，不准那样做。

采访者：您以前谈恋爱的时候，有没有唱一首情歌给他听？

蓝陈启：不好意思讲出来。山歌他是唱不来的，他一句都听不懂，他不唱歌的，不过我倒是给他唱过情歌。

采访者：这个很美好的。

蓝陈启：是的。但是我昨天对你讲过了，我嫁给我老头子，后来受了很多苦。我那个老头以前很干净的，后来却大小便失禁了，血压高起来，半边瘫掉了，话讲不出来，吃饭都要我喂，很辛苦的。照顾他六年，我自己都变得不像我。但有一点，我还是坚持去唱歌。

采访者：这说明你们两夫妻很相爱，他也很爱您，您也很爱他，同时您也热爱唱歌。

蓝陈启：嗯，老公两个字，真好，我们都没有吵架过。即便他半瘫了六年，路都走不了。我老公个子很高的，都是我抱着，背着，跟照顾孩子一样照顾他。当然不管多苦多累，我都会坚持唱歌的，因为我热爱山歌。

采访者：您嫁过来的时候，您是穿着什么样的衣服？

蓝陈启：以前的大部分衣服都很随便的，只有古老的头饰和一套妈妈留给我的嫁妆。我有两个箱子，四个人抬过来的，还在。我交给我儿子，说"你不要丢掉，这是妈妈的祖传宝贝和手艺"。

采访者：应该说这是结婚的纪念物，也是爱情的纪念。您刚才说这边有一个俱乐部，您嫁到这边有多久才有的俱乐部？

蓝陈启：以前就有的。我那时想着去参加试试看。俱乐部里的人论辈分有我应该叫哥哥的，也有应该叫我嫂嫂的，也有我婶婶辈的，俱乐部里有三个人始终不会唱，她们就让我过来教大家唱歌。于是我就加入了这个俱乐部。因为大家白天忙着干活，所以都是晚上开展活动。

采访者：您过来以后，他们这儿是公社吗？

蓝陈启：是公社，不是乡，后来成为了乡。我老公那时不在家，在景宁工作，当时 15 元钱一个月，工资算很高了。

采访者：家里就他一个人工作？

蓝陈启：就靠一个人。

采访者：地里就您一个人干活吗？

蓝陈启：老公只有妈妈，他爸爸很早就去世了。我老公去工作，我一个女人在家里，婆婆跟我也不很亲近，所以家里、地里的活都是我一个人做。

采访者：哦。我再问您一下，五六十年代正赶上"大跃进""人民公社""文化大革命"的时候，您也在唱歌吗？

蓝陈启：那时候也就只在家里唱一下。

采访者："文化大革命"的时候，您在村子里头参加什么文艺活动了吗？

蓝陈启：没有，只是在家里烧饭自己吃，就是自己管自己。

采访者："文化大革命"的时候，你们有没有用畲族民歌来唱一些"文化大革命"好这类的歌？

蓝陈启：没唱，就是大家自己顾自己。白天饭吃了就干活，回家来自己的小孩儿带好一点，什么都不去管。

采访者：你一九五几年嫁到双后降村之后，一直都没有唱过歌？

蓝陈启：那倒不是，门口那里有个俱乐部，形势好起来就抱起小孩儿到那里看看。然后有人说"那个女的会唱歌的，会教山歌的"，就请我来帮忙教大家唱歌。

采访者：请您把参加俱乐部活动的细节讲一讲。

蓝陈启：参加俱乐部，我就是唱唱歌，干干活，我又没有文化，开会就听听，聊天聊不来，就是参加唱歌，带头过去表演，旁白的也有好几个。

采访者：就是说到这儿以后，他们这儿的俱乐部找人教唱山歌，您去教唱了，您当时第一次教唱的是什么歌呢？

蓝陈启：在俱乐部教唱的第一首歌我真的忘记了，只记得是首老歌，具体是哪一首想不起来了。我只记得俱乐部办起来，大家很开心，很多歌都是临时编起来唱的，表示心情很好，很高兴，但时间过去那么久歌词记不住了，我自己都老了。

蓝陈启（右一）与宣传队一起到各村去演出后合影

蓝陈启（左一）与宣传队的队友对歌

采访者：那表演了一些什么节目？

蓝陈启：是和一些农村里年轻的男的一起演出，我是唱歌的，男的在舞台上模仿插秧动作，然后两人对唱情歌。

采访者：当时现场是什么感觉？

蓝陈启：场面很热闹，我们都很激动，也很喜欢，到村里去表演唱山歌，一个村一个村地去表演。

采访者：相当于表演队吗？

蓝陈启：嗯。我们到处去宣传，到那些村子里宣传、唱歌。尽管当时条件很差，没有舞台，还要自己打扫演出场地的卫生，我一个人还要唱30多首歌曲，但心里还是很欢喜。我们大都是过新年的时候去，新年初八、初九的时候就去唱歌了，一直唱到正月十五才结束。

采访者：也就是说您参加了村里面的宣传队，要去唱歌，去各个村宣传，那家里怎么办呢？

蓝陈启：那时候小孩儿大一点了，大的十几岁，老二七八岁，最小的五岁、六岁那样子，三兄妹互相照顾得很好。而且有他爸爸在。

采访者：**这时候您的大孩子都十几岁了，你结婚后多久才有的老大？**

蓝陈启：我是很早就结婚的，十八岁结婚，十九岁生的大儿子，他爸爸很辛苦。

采访者：**那个时候您老公又得照顾孩子，又得去上班。**

蓝陈启：是的，我老公很苦的，一个月才 15 元，自己要吃饭，家里小孩子也要花钱，后来工资高一点的时候他又中风了。

说起来以前苦的事情很多，现在生活好起来了，但是我老公已经不在了，我儿媳妇对我很好，想吃什么就有什么，家里的小孩儿都很关心我这个老人家，党组织也很关心我，政策对我也很关照，我现在是生活很好了。

采访者：**你们那时是每天挣工分吗？**

蓝陈启：是挣工分的，那时我每天都要去生产队种地，哨子吹起来就要去干活了。工分是一个工五分的，但如果迟到、缺位要倒扣五分，以前是那样过来的。

采访者：**那时您还唱歌吗？**

蓝陈启：会的，晚上回来还是会去俱乐部的。有时还上台去演出，其中歌曲是我唱的。

采访者：**"大跃进"时期对你们唱歌有影响吗？**

蓝陈启：1958 年没有唱，那年我老公带着一个连去修公路，我和我老公都去了。从 1959 年开始，家里生活很苦，草都吃过。我们的命还算好，那时候很多人去世了。我老公看我在家里这么苦，就把我带去修公路，修公路一天给半斤米。

采访者：**一天半斤米吗？**

蓝陈启：嗯。单是中饭和晚饭我自己就能吃掉四两，我老公他自己也要半斤才够吃的，可是家里的老人和小孩子都很苦，没东西吃，什么都找来吃。所以我们尽量省下米来，拿到家里给小孩儿和老人吃。我婆婆看到这样很感动，也心疼自己的儿子很辛苦，还要照顾家里。我一回到家，小孩子就扑到我怀里说"妈妈，我好饿"，我当时就把那挣来的四两米煮一大锅稀饭给大家吃了。现在的黄山头那条公路，就是我们那时修的。我的大女儿就是在那时生的，我老公去修公路，我就抱着我的女儿给修公路的人做饭，就是这样辛苦过来的。后来我婆婆也过去帮忙烧饭，加上另外两个人我们一起给修路工人做饭，两班倒。那时候，因为有了帮工人做饭这个工作，给我 25 元工资，相当于 25 斤大米，我婆婆是 19 斤大米，这样我们的生活才稍微好起来了。

采访者：在云和待了多久？

蓝陈启：在云和那边修大水库工作了一年半，后来就回来了。

采访者：您在云和待了一年半，云和那边修好，没有活干了，就又回来了是吗？

蓝陈启：回来了，苦日子又过了几年，以后才好起来，儿子、女儿都慢慢长大了。我在生产队的时候儿子刚好放假了，他就帮我上山砍柴，女儿也帮我做家务，我工作完还没到家呢，饭已经做好了，大女儿也帮忙把水烧好了。我回家早的话还要去菜地摘菜、种菜，回家迟的话，就直接吃饭，之后又要去俱乐部。虽然很苦但因为能够唱歌心里还是很开心。

采访者：对，吃大锅饭的时候，就是你们修公路那一段时间吗？

蓝陈启：是的。

采访者：村里面吃大锅饭的时候您在不在？

蓝陈启：他们不准我吃，他们说"你自己去修公路有好吃的，公社食堂你不能吃"，所以都是我自己从修公路发的口粮里带一些回家吃，那时候大家都很苦，粮食很少。

采访者：1958 年过了，然后 60 年代在云和修了几年路，回来之后又紧接着修了几年路，那个时候宣传队大多唱什么歌？

蓝陈启：唱什么歌不是记得特别清楚了，很多是老歌，也有临时编的。以前种的菜不是很多，都是小小的，后来大家开始种番薯，有番薯吃，不至于饿肚子，又有歌唱，这样生活才慢慢好起来，现在大家都很幸福了。

采访者：也就是说那一段时间，对您家里面没有什么影响。

蓝陈启：基本上没有什么影响。

采访者：在那期间，紧接着就有老三、老四这几个孩子出生了，是吗？

蓝陈启：是的，我家的孩子生下来，都叫他们不要做坏事。我是这样讲，"你老实一点，自己想学就学，不要做坏事"。回家了大的砍柴，小的烧开水，不准玩火，以前都是那样教导他们。

采访者：就是在这期间，您生了六个孩子，是吗？

蓝陈启：六个，其中有一个女儿29岁的时候就去世了，是嫁人了以后在上山时摔伤了（去世的）。

采访者：您的小儿子是1977年生的，是吗？

蓝陈启：嗯，那几年我日子过得还是很苦，大儿子19岁结婚，出去干活了，大女儿也都干活，从小都会干活的，我最小的儿子，也会帮忙洗衣服，带妹妹。

采访者：小儿子出生的时候，老大都已经结婚了？

蓝陈启：已经娶妻了，生下的孙子都比我小儿子大一岁了。当年很辛苦，背上要背三个小孩儿。我的小儿子还在吃奶的时候，孙子和孙女都已经会干一些活了。

采访者：这一段时间还唱歌吗？

蓝陈启：也要唱歌呢，生儿子坐月子那个月是不去唱的，其余时间都会去唱歌。

采访者：您嫁到这个村子后，基本上一直在唱歌呢，只是现在记不清楚，那个时候都唱什么歌了。

蓝陈启：那也都是老歌，还有很多现编的，老歌不会忘记，有歌本，但现编的歌曲唱来唱去好多都忘记了。

二、出使日本唱畲歌

（一）日本人是如何知道有您这样的歌手？

采访者：后来唱歌有名气了，日本人是怎么知道您呢？

蓝陈启：那时候村子里进行旅游开发，有一个日本人来到我们双后降村参观畲族婚礼习俗。我是每场畲族婚俗表演都参加的，在大家一起唱歌的时候，那个日本人看到我在教大家唱歌，就很感兴趣，后来日本方面邀请我到日本唱畲族山歌，同时也指定要我去唱畲族山歌。

采访者：是邀请您参加什么活动吗？

蓝陈启：是邀请我们去参加在日本福井市举办的环太平洋民间艺术祭（节）。和县里文化局沟通好了，说是去日本进行文化交流，因此指定艺术团要请我去日本参加他们的艺术节，就这样去了日本。当时我们县长是雷文先，省委领导，还有温州的一个老师，全都去了日本。那时我家里刚好在盖房子，还没弄好，我家务活都顾不上。当时领导来我家通知我去日本唱山歌，我以为是开玩笑，后来知道是真的，就很开心地答应了。但后来我的女儿突然去世，于是就很不想去，实在没有心情去。

采访者：哪个女儿？怎么会突然去世？

蓝陈启：是我的三女儿去世了。在我最快乐的时候，三女儿却在干活时不小心摔落山崖，重伤住院，生命垂危，三女婿偷偷溜走了。我日夜照料女儿，四处借钱，却最终无力回天，白发人送了黑发人。举债料理完她的后事之后，我就丧失了唱歌的心情，甚至开始怀疑失去了女儿的我，还能唱吗？当时我向他们反映这个情况了。但是县里领导都过来劝我，"你一定要去的，我们知道你心里面很苦，你女儿去世了，女婿又走了，让你受苦了，我们都理解。但是你女儿已经走了，你自己要保重啊"。我那时随时随地都想着我的女儿，但是领导那样真诚，我只好答应了，答应了以后就去参加排练了。

采访者：排练要很长时间吗？

蓝陈启：为了更好地把节目排好，我们老早就开始排练，直到第二年7月15日才去的日本。我们从景宁出发到缙云，在永康吃了早饭我就吐了，领导看到这种情况让我休息了一个中午后才出发，一个多小时就到了杭州。在杭州过夜后，杭州领导过来看望我，对我说，"这个阿姨，你能不能唱（给我们听听）"。当时县里的领导说阿姨排练了很久，很辛苦，她现在比较累了，休息好了能唱的，当时就没唱。后来我们又去了嘉兴，第二天又去上海了，坐车去上海浦东机场，从那里去日本。到了日本机场，有很多人在招手，但有一些事情让我觉得很尴尬。

（二）去日本后发生什么？演出效果怎样？

采访者：为什么说很尴尬？

蓝陈启：本来日本方面应该有相关人员到机场接我们的，但是中国的翻译还没有过来，接待我们的日方人员却先到了。我之前照片上头发是扎起来的，那一年去日本就买个帽子戴起来，大家就都不认识我了。摘掉帽子以后，我把护照拿给日方人员看，里面有我的照片，对日本方面解释那就是我，但是因为语言不通，解释不清楚，就这样我被海关带去问话了。

后来入住宾馆时候还是因为语言不通，无法交流，直到有中国的留学生过来，他做翻译，大家才听懂了，才放下心来。到附近酒店入住，每个人一个房间，我很老实的，拿着自己的小包包待在房间里哪里也不敢去，怕遇到坏人。第二天，我自己单独在一个楼层的一个房间，那边酒店人很多很乱，他们让我不要出去，就在宾馆里先休息，怕我走丢了。我住在五楼，同行的人住在9楼，我想去找他们，电梯按错了到了19楼，还以为是9楼，在19楼找了一会儿就找不回去了。后来在两个日本人的带领下我才找到了自己的房间，回去以后都不好意思讲这个经历。住我对面的同行人员知道我出去了，就跟大家说了这个事，后来县长过来了，对我说"阿姨你不要出去了，你丢了找不到怎么办，我回去以后没法交代的"。我很抱歉跟领导说我没事了，以后我出去会站在路边显眼的地方，在他的视野范围之内，不会让他找不到的。这是我在日本遇到的很尴尬的事。

采访者：您去日本演出都排练些什么？

蓝陈启：中午排练，晚上上台。

采访者：你们排练的是什么歌？

蓝陈启：对歌，一男一女对情歌，就男生在这边，女生在那边这样对情歌。后来还去了大阪，大阪有两个舞台，排练了九次，也很紧张的。在大阪时，我织了一条彩带，当时跟我一起的温州的一个老师对我很关心，我想在几天内织好这条彩带送给他的，这件事我对朋友和县长都讲过了，后来日本那边的人想要买我的这条彩带，但我只想送给那个老师。那天中午排练，晚上就是正式演出，演出结束了有个日本人过来跟我握手，拿了一万日元，通过翻译对我说想买我的彩带，日方包好了一万日元要给我，我当时不好意思直接拒绝，但我还是一口回绝了。在我看来，这是我们中国传统的技艺，我要么带回中国做留念的，要么送给温州的老师做纪念。日本人以为我觉得一万日元嫌少了，说再加五千，当时跟我同行的人劝我说"阿姨你就答应吧，这都够买一头猪了"。其实我不答应并不是因为钱的原因，但他们一而再再而三地来找我，我没办法只好答应他们了。后来他们就把那条彩带留在了他们的博物馆，写着"中国代表蓝陈启彩带留念"。

采访者：等于说您的彩带卖给日本的博物馆了。

蓝陈启（右五）在日本演出成功

参加环太平洋民间艺术祭(节)的部分团员与日本演员合影(二排左二蓝陈启)

媒体宣传蓝陈启去日本演出照片

蓝陈启：嗯，是的。那个博物馆是收藏手工艺品的，同行的文化局的一位女士帮我想了"中国代表蓝陈启彩带留念"这句话。

采访者：当时跟您对情歌①的是谁?

蓝陈启：是文化局的干部，叫邱彦余。

采访者：邱彦余老师是汉族吗?

蓝陈启：汉族的。他也是到我家里来跟我学唱山歌，天天中午都来学，学得声音都唱不上来还在学，连睡觉都在那里练啊。他说："大妈，认字我给你做老师，唱歌你给我做老师。"

---

①情歌又称缘歌，是畲族民歌中数量最多，流传最广，最动人心弦的民歌。情歌大部分是以某种事物为衬托，表达男女间爱情的，青年男女通过情歌谈情说爱，互相倾吐真挚情感，排除一切阻力，实现男女结为夫妻的愿望。即使中老年歌手对歌，亦善穿插扣人心弦的情歌来助兴。

采访者：您现在还能够记起来，那个时候你们一男一女对情歌的几首歌吗？可否唱两句给我们听听。

蓝陈启：情歌我现在是不好意思唱了，都记得的，都还可以唱的，不难听的，我还是唱给你听一下吧。

（唱）郎是那边娘这边，唱支山歌给郎还。唱首山歌给郎啰，不知道你郎还不还。

采访者：邱彦余怎么回答您呢？

蓝陈启：邱彦余他是这样回的。

（唱）娘在那边郎这边，你娘唱歌给郎还。你娘唱歌给郎啰，等我赶紧唱来还。

采访者：就是说就这么对来对去，大概总共对了几次？

蓝陈启：那一首歌是对了两次。我上舞台唱歌都规定唱两次，都差不多，怕唱多次了哩哩哩的会难听。

采访者：好听，为什么难听？我觉得很好听。这个娘指的是"我"是吧？

蓝陈启：娘就是女方，郎就是男方。

采访者：邱彦余也是用假声① 唱吗？

蓝陈启：嗯，是的。他唱高音和假音，声音都很好。

采访者：在日本期间，除了唱对歌，您还唱其他传统老歌了吗？

蓝陈启：唱了广东流传过来的畲歌，还唱了五首在中国没有排练过的山歌。县长叮嘱过，"阿姨你去了，一定要得到大家的认可，唱不好，中国就没有荣誉"。我就很紧张，但我唱完了，大家都热烈地鼓掌。唱的这五首，上去了先要吐一口气，喝一喝开水那样，就开始了，这五首山歌都是没有排练过的，因为高音部分唱得特别好，歌王就是这样评出来的。

---

① 畲族山歌多用假声歌唱，按唱法的不同，有平讲调、假声唱、放高音等三种变化。在福建省宁德北部的七都、八都、九都等地，还有一种"双音"的歌唱形式。由男女二人用同一歌词演唱，曲调之间形成支声式、模仿式或和音式关系。

畲族头饰（景宁式）

采访者：您去之前没有想到要唱这儿首歌吧？

蓝陈启：我去之前没有想到嘛，以为就是两个节目，一个彩带（边织彩带边唱）、一个对歌这两个节目。那五首山歌是后来加的，一开始我不敢唱，怕一句唱不好，中国拿不到好名次。还有一个，我带去了我外婆留下来的畲族头饰，那是正宗的传家宝，日本人也想要买走它。

采访者：想买走您外婆留下来的畲族头饰吗？

蓝陈启：嗯，是啊。他们想买，给我开了高价，一个8万日元。我给咱们中国留学生讲了，请他们帮忙翻译，说这个东西我是不会卖的，是买不到的，我要传给下一代的，很宝贵很宝贵，即使一辆小车的价格我也不卖。日本人让翻译对我说钱不够还可以加，一辆十几万的小车的钱，问我够不够。我不想卖，即使二十万、三十万，都不卖，这是我外婆留下来的传家宝，你出价再高我也不卖，这是我们中国传统的技艺，一定要带回中国去，就这样没有卖。我想这是老祖宗留下来的技艺宝贝，是不能卖给别人的。

采访者：您这几首歌是在一个城市唱的，还是每个城市都唱？

蓝陈启：只是在大阪。这五首山歌，就只有在大阪唱过，之前去的地方都是对歌。

采访者：大阪是最后一个城市吗？

蓝陈启：是的，大阪市长还请我上去跳舞，我准备跳畲族的功德舞，需要三个边打鼓边跳舞的人配合，但是当时只有我、县长和文化局局长在场，因为没有别人可用，只能让领导也上去了。可是领导们不会跳，他们没学过，商量了一会儿，我就教他们排练了一下。他们想起来之前在景宁也看到过功德舞，简单排练后就上去了。因为没有

蓝陈启在日本大阪成功演出

学过，是临时加的，就是上去跳了几圈，虽然动作都比较简单，但效果却非常棒。

采访者：您在日本唱的五首山歌还记得清楚吗？

蓝陈启：那个有一点记不清楚了。

采访者：您再回忆回忆呗。

蓝陈启：好，我想想。

（唱）当初出朝在广东，原来都是同太公。今下搬出各县住，讲出话音都相同。

（唱）当初出朝在娘亲，原来都是一家人。今下搬出各县住，路边碰到要认清。（节选自畲族《高皇歌》）

采访者：刚刚前面是第一首，这个是第二首了？

蓝陈启：对。还有一首是这样的。

（唱）当初出朝广东湾，广东山头雾茫茫。当初广东风水好，生出子孙又姓蓝。

还有一首也有些相似：

（唱）当初出朝在广东，广东山头雾茫茫。当初广东风水好，生出子孙又姓钟。（节选自畲族《高皇歌》）

采访者：第五首是不是姓雷了？

蓝陈启：对，姓雷还有一首。

（唱）当初出朝在广东，广东山头雾里遮。当初广东风水好，生出子孙又姓雷。（节选自畲族《高皇歌》）

采访者：这五首，很好，就是说你们畲族的源头是在广东？

蓝陈启：祖宗是在广东。

采访者：在凤凰山是吧？

蓝陈启：嗯，是的，我是听长辈说过，但我没去过。

采访者：您的装扮中是否要戴头饰？

蓝陈启：是的，我们畲族妇女经常戴头饰，畲族人祖祖辈辈都戴这样的头饰。我从开始懂事起就知道要这样打扮起来，畲族人都是这样打扮的，以前出嫁要戴，上山干活也要戴着去。

采访者：今天您戴的头饰是祖传的吗？

蓝陈启：是的，是传了好几代传下来的。

采访者：那么我想问一下，您现在戴的头饰，这个形状是不是就像凤头一样？

蓝陈启：嗯，是的。我戴的头饰，是我们畲族很有代表性的凤冠，我听我祖辈上说，凤凰是最美丽的吉祥鸟，是鸟中之王，听说古代的皇后、贵族妇女所戴的帽子都叫作凤冠。凤凰是我们畲族的信仰图腾，我们畲族妇女从结婚时开始戴笄（畲语读作 gie），而不叫凤冠，"笄"更是直接模仿凤凰鸟的头冠。因为从广东迁过来的路上，有些人富，有些人穷，头饰的材料上就有差别，导致我们每个村的款式略有差异，但是头饰都扮成红红的凤凰头冠，象征凤凰。我头饰上正头由四块银片组成，你看，雕着花草呢，好像凤凰的眼睛，整个头饰（笄）象征着福气、财富、长寿，而且有辟邪、驱邪的寓意。

采访者：您出嫁的时候是不是也是这样打扮？

蓝陈启：我出嫁的时候也戴这种头饰，还戴个簪，因为我头发很多。

采访者：像身上这些彩带有什么讲究没有？

蓝陈启：有讲究的，男的服装就是龙，女的就是凤[①]。

采访者：在日本的演出是不是很轰动？就是说，日本人对你的演唱，是什么反应？在您唱完之后竖起了大拇指，是吗？

蓝陈启：嗯，夸奖我唱得好，你知道吗？我以前声音很大，很长，很亮，人也年纪轻，因为唱得好，才被评为歌王。

采访者：当时去日本去了多久？

蓝陈启：我记得时间挺长的，加上在杭州的日子，大概是 10 天或是 8 天，具体几天我忘了。

采访者：那一段时间家里面谁来照看？

蓝陈启：我儿子，那时是 1994 年。

三、因为热爱山歌办起了畲族婚俗表演
（一）日子很苦，依然去俱乐部唱歌

采访者：蓝老师，您好！昨天咱们聊到您去日本演出，现在咱们回过头来再说您侄女，您的侄女在您十几岁的时候她刚出生，后来您嫁到这边以后，她由谁带的？

蓝陈启：跟着奶奶和爸爸，妈妈离婚走了。

采访者：后来她是什么时候跟着您学唱歌的？

蓝陈启：山歌是从小我就教她了，畲娘的歌是我后来回娘家时教她的。

采访者：您嫁到这边后还经常回娘家吗？

---

① 畲族服饰图案大多取材于日常生活中各种活生生的物象。如飞禽走兽、花鸟虫鱼、农舍车马以及传统的几何形图案——如万字、云头、云勾、浮龙纹、叶纹等。

蓝陈启：经常回。我老公在外工作，我大儿子是在娘家出生的，大儿子出生后在外婆家待满三个月才回到我老公家的。我自己烧饭，带孩子，把他养大。

采访者：**那个时候回娘家的机会比较多。**

蓝陈启：是的。那时，我日子过得很苦，要背着儿子去干活。大儿子三岁时妹妹又出生了，他才三四岁大，就要和我一起带妹妹，很苦的。

采访者：**那时您既要带孩子，又要劳动，还要参加他们那个唱歌的俱乐部吗？**

蓝陈启：刚刚嫁过来的时候没有。因为俱乐部就在门口，吃过晚饭我就抱着儿子去看看，后来熟悉了，大家又叫我教他们唱，慢慢地就天天跟大家一起唱山歌了。

采访者：**在俱乐部里唱的歌主要是什么内容？**

蓝陈启：我是唱老歌和即兴编的歌。俱乐部里有一个拉琴的，经常唱劳动歌，他的歌当时我不会唱，我只会唱民歌，他经常唱革命歌曲，会很多，我也就慢慢学了一些。以前很开心的，经常带我儿子去俱乐部，跟着他们唱《扭秧歌》《东方红》。

采访者：**《扭秧歌》是怎么唱的？**

蓝陈启：以前会唱《扭秧歌》，我编过一首《扭秧歌》，歌词我记得是这样的：大家一起扭起来，扭秧歌啊，扭起来。

采访者：**当时参加俱乐部的这些人，基本上都是村子里的人，别的村有吗？**

蓝陈启：别的村没有，就是我们村的人。现在很多原来俱乐部的人已经去世了，有一个女的前几年走了，我家下面东平的妈妈也去世了。还有一个老头中风了，说不出话了。

蓝陈启在俱乐部唱歌

采访者：当时的俱乐部还去别的地方演出吗？

蓝陈启：当时的演出基本上在景宁的大均、沙湾，别的地方没去过。以前没有电，晚上演出时要用点燃的山苍子来照明，山苍子那个东西烧起来很臭的。

采访者：演出基本上都在晚上，白天不演是吗？

蓝陈启：白天大家都要干活的。

采访者：要是去别的村，一天回不来吧？

蓝陈启：没那么长时间，一般都是当天晚上就赶回来了。

采访者：我看到宣传资料上说您曾经演了生产歌，还获奖了。

蓝陈启：时间太久了，有些事都忘记了，但唱歌的事情我还是记

蓝陈启（左一）参加俱乐部活动时照片

蓝陈启（第一排左一）参加老年协会山歌演唱

得很清楚的，我确实带领大家唱歌，还获过奖，都有证书呢。

采访者：那时您经常唱什么歌曲？您有记录吗？

蓝陈启：我主要是唱民歌，比如《扭秧歌》《东方红》这类歌，民歌多一些。我唱过的歌太多，都没有文字记录下来，很多忘记了。

采访者：那段时间，您的丈夫在上班，家里基本都是你照顾，是吗？

蓝陈启：嗯。

采访者：丈夫生病后，您既要照顾家里，又要伺候他，那边的演出唱歌您还参加吗？

蓝陈启：参加的，但是晚上要回家，不管去哪里都要回家过夜，小孩儿在家里。我老公走了以后，小女儿也去世了。他去世后，所有的孩子都是我自己带。

采访者：您当年真的很辛苦。

蓝陈启：是呀，我以前日子很苦的，但还是热爱唱歌。现在好了，国家政策很好，开心啊，我就更要好好的唱歌了。

（二）组建景宁县第一个畲族婚俗表演队

采访者：听说村里有一个表演队，是什么情况下组成的表演队？

蓝陈启：是我看到畲族婚俗、畲族山歌很受大家的欢迎，就想着成立个表演队。

采访者：您给我说说组建表演队的过程。

蓝陈启：到我们村里来想了解和体验畲族文化的人很多，而我也很喜欢本民族的文化，喜欢唱山歌，所以，我就把孙子、女儿以及村里三十几岁的人叫过来，不论男女都叫到我家开个会。我说了几句话，告诉大家现在国家很重视畲族山歌的保护和传承，我们作为畲族人一定要把山歌传下去。开会的时候大家就围坐在一起，我当老师教大家山歌。当时大家不会唱山歌的，年轻人一般不会的，我都一句一句教他们，他们学了两个晚上，学会了一些。我和大家说一定要唱起来、传下去。大家学会了以后，我就告诉村支书：现在每天家里都有客人，经常有人来采访我，可以把旅游办起来。于是由我牵头在村委办了个旅游班（婚俗表演），村支书、村主任来开发旅游，我就负责教唱歌，我大儿子也办了个农家乐。村里旅游业办起来后有了景宁县最早的婚嫁表演，需要利用村民的家来扮演新郎新娘家，我家是新郎

蓝陈启（右一）组建的第一支畲族婚俗表演队

婚俗表演队成立后，蓝陈启（中间）欢迎各位游客

家，第一个新郎是由我的小儿子来扮演的，我演的是新郎妈妈，新娘家是支书家附近的人家。

采访者：这个婚嫁表演是有偿的吗？

蓝陈启：有偿的。那时我们的婚嫁表演娶新娘的时候是走路的，没有轿子，走到那边转过来到我家拜堂，我是新郎的妈妈，我教新郎新娘怎么拜，整个仪式下来，一场是300元钱，村委拿100元钱，剩下的200元钱按任务安排分配，村里每个人都会轮到一次，每家人都能赚钱。婚礼上的火炮要用钱买，婚嫁表演中所要用到的新郎新娘的家是需要给租金的，还有新郎给新娘的红包都在200里扣，剩下的就由村民分，每个村民有时能分到5元，有时能分到10元，钱多钱少不一定。

蓝陈启在自家举办畲族民歌培训班

采访者：对了，当时您搞婚俗表演有多少人？

蓝陈启：参加一场婚俗表演的差不多有二三十个人，有拉牛的、赤郎（伴郎）、赤娘、拦路的、泡开水的、拿酒壶的、借锅的。

采访者：是从新郎家起步开始，每一个步骤都有吗？

蓝陈启：有啊，我们先是到新娘家接新娘回来，要挑家具啊，被子啊，都要抬到我家（新郎家）来，以前都是这样的。

采访者：您办婚礼的整个过程和步骤，基本上也是按照老传统来的吗？

蓝陈启：嗯，是按照老传统的。

采访者：从新娘家起步的时候就开始唱歌了吗？

蓝陈启：要唱的，要唱一夜到天亮呢，新娘子从楼上下来婚礼就开始了。以前要穿草鞋的，草鞋穿起来，外面放四个铜钱，穿得似掉非掉的样子，下楼梯时故意甩掉，掉在大厅，据说这样可以留住好风水。然后新娘由自己家的姐妹送出去，打着伞走到门口，再由新郎家那边来的伴郎接过去，不是抱出去，是从楼上下来走出去的。

采访者：要打伞？

蓝陈启（第一排右三）在双后降村办起了畲族婚俗表演

蓝陈启：要，以前我们伞不能全打开，伞半开，到男方家也是那样。接新娘的可以收到一个红包。

采访者：这是针对新娘的，不让太阳晒是吗？

蓝陈启：不是，新娘一般半夜出门，而撑半伞就是风俗习惯。以前老风俗，红包都是双数，2元、4元、6元、8元，多的就是10元。

采访者：那时您的小儿子扮演新郎，扮演新娘的是谁？

蓝陈启：新娘就是在大门口和我聊天的那个美珠。

采访者：等于说她最早参与了您的这个婚嫁表演。

蓝陈启：是的。

采访者：当时参观婚礼的人也是从新郎家开始出发到新娘家，是吗？

蓝陈启：是的，参观的人就跟着迎亲队伍，跟着赤郎赤娘和挑酒的一起，从新郎家出来到新娘家，新娘家是挑酒进去的，带新娘出来再回到新郎家来，都是一起的。

采访者：刚才咱们聊到婚嫁表演过程的步骤，从您家这边开始出发去新娘家，哪几个部分要唱歌？

举办畲族婚俗表演的场景之一

蓝陈启：新娘家的人拦着不让新郎的队伍进去叫拦路，这时候要唱拦路歌；晚餐由男方"借"女方的炊具，其间要举行有趣的"借镬"仪式，这时候要唱谜语歌；女方请来跟赤郎对歌的歌手叫赤娘，对所有客人"劝酒"，要唱劝酒歌；酒宴结束后，赤娘即开始与赤郎对歌，一直对唱到凌晨二三点新娘出行为止。

采访者：敕木山那个侄女也参与吗？
蓝陈启：她经常当赤娘去唱歌。

采访者：是在这个婚嫁队伍里当赤娘吗？
蓝陈启：当时我们村的婚俗表演她不在，她是在别人真的结婚时被请去在婚礼上充当赤娘。

采访者：不在您的婚礼表演队伍里？
蓝陈启：旅游是我们村里自己办的，村里人不会唱的时候才会把我侄女请过来。

采访者：那时候您小儿子扮演新郎，那您的孙子呢？
蓝陈启：孙子担当牵牛、放鞭炮的那些角色，赤郎不是他扮演的，是另外两个人，他还是会唱一些歌的。总的来说，婚俗都是规定

婚俗表演队在表演山歌对唱

人数的，大家过来都有事情忙，我儿子当新郎，然后有赤郎，一个挑酒的，还有两个女的是接亲姑娘。

采访者：这整个仪式都按照老式传统来的吗?

蓝陈启：有很多老风俗，像抢鸡笼这些都是有的，但是现在结婚都是有改版的。

采访者：在那之后您就一直进行表演队的工作吗?

蓝陈启：是的，后来别的村也学着我们村办了很多婚嫁表演，我们村就停了。我大儿子的农家乐还是办了三年，都是他自己做饭，他老婆帮忙，我的孙子辈那些小孩儿就牵牛（和旅客）合影（挣点小钱）。

采访者：那一段时间没有表演队了，客人来了让唱歌，是您唱还是谁唱，还有人唱歌吗?

蓝陈启：很多人唱，敬酒的时候是我女儿、孙女、同村的村民，还有外面的一些人和我一起敬酒唱歌。后来才慢慢地开始去城里的舞台上唱山歌了。县城里很重视畲族民歌的传承，我教好几个本村的人唱山歌，外边来学的人也有十几个，其中有一个人得了奖。这里讲起来不太好意思，她是一句山歌都没唱过的人，音都拉不来的，我带她拉起来唱好，现在都评到奖了。我就想，村外的人都这样认真学唱山歌，那我一定要让我的家人和同村的村民传承好山歌。

四、牢记习近平总书记的嘱托
（一）习近平总书记亲自看望我

采访者：蓝老师，我听说习近平总书记曾经到过您家，习近平总书记是哪一年到您家来的?

蓝陈启：说起这个事情，我真是太激动太高兴了。那是 2002 年 11 月 25 日，别看我已经八十多岁了，别的事情和别的日子我真记不住，但这个事情和这个日子我记得可清楚啦，现在想起来还觉得像是做梦一样，太幸福了。你看，这是习近平总书记同我握手的照片，我一直珍藏着，一般人我是不会给他看的。

采访者：习近平总书记来了您给他唱了一首什么歌？

蓝陈启：习近平总书记一到我家，就紧紧握着我的手，亲切地问长问短。我也很激动，就按照畲族的习俗先唱了一首山歌，我还记得是这样唱的：

（唱）高兴高兴真高兴，今天看到大人物，领导带来十六大，都是关心畲族人。

习近平总书记又一连听我唱了好几首畲族山歌后，才对我讲："阿姨您歌唱得真好。"我就说："我的山歌都是自己即兴编唱的。""是吗，那你有歌词吗？"大儿子帮我把歌词写起来放在包里，我就拿给习近平总书记看。"看看，给您编得这么好，您歌词给我可以吗？"我说："嗯嗯，可以的。"他就拿去叠好放到袋子里，我的心觉得好温暖、好激动、好光荣啊。

采访者：是的，评价多高啊，这是总书记对您的评价呢。

蓝陈启：嗯嗯，习近平总书记可关心我啦，对我讲了好多好多话，他说："这个地方很好，空气好、水好、山好。"在我家的大厅听了歌后，总书记提出要到楼上去看一看我住的地方，到了楼上我睡觉的房间，门开着，我儿子的皮衣服挂在上面，他看了看，问："这个房间是谁睡觉的？"我说："是我的。"他说："很干净啊！"还用手摸了皮衣服一下，又问："皮衣服是谁的？"我应他："是我儿子的。"习近平总书记听后，就说："不错，不错，农村现在都有皮衣服了。阿姨，您种的谷子放在哪里？能带我去看一下吗？"我又回总书记："都是我自己种的，放在二楼另一边的稻谷仓库里，我这就带您过去。"我带总书记来到二楼另一侧的稻仓前，打开给总书记看。总书记看到很多稻谷，非常高兴，问我："这么多稻谷吃得完吗？"我回他："吃不完就卖给国家啊！"后来我们边说话边回到一楼的大厅，习近平总书记离开前拉着我的手叮嘱我："阿姨，您的歌唱得这么好，您一定要把畲歌传承下去啊！"我激动得一直点头："请领导放心，我一定一定把畲族山歌传下去！"我又开始唱歌：

（唱）欢迎领导来畲乡，畲乡人民喜洋洋，山笑水笑人欢乐，留得领导坐下来。

又讲好多话，时间不早了，临走前习近平总书记拉着我的手，又一再叮嘱我一定要好好地把畲歌传唱下去。我又唱了一首山歌送给领导：

（唱）送你领导出门唄，领导下回又要来，送你领导坐车子，一路平安又平安。

这个事情过去这么多年，我一直忘不了当时的情景，我也一直记得习近平总书记的叮嘱。您看，我的大堂上一直挂着习近平总书记和他爱人的画像，我经常看着它想起习近平总书记叮嘱的话，我要听总书记的话，一定要让畲歌世世代代传承下去！

（二）拜师收徒

采访者：蓝老师，您太幸运了，习总书记都来看望您，您说要听总书记的话，那您是如何传承畲族民歌的呢？

蓝陈启：我一直牢记习总书记对我说过的话。我要把畲族民歌传承下去，就要有人来学，所以就跟大家讲我要收徒弟。那时有很多人想拜我为师，好多以前跟我学过歌但没有正式拜过师的都来了。前年我举行了两次拜师仪式，去年三次，今年也举行了三次，县里一次，家里两次。这些年总计八次。

采访者：拜师礼节是现在才实行的，以前没有吗？

蓝陈启：我的山歌是我妈妈、我姥姥传给我的。现在很多人想要我教她们唱山歌，就会像拜打拳师傅一样拜我为师，认我当老师。

蓝陈启（中间）与她的学生在一起

蓝陈启（第一排右一）和她的徒弟们合影

采访者：您过去在救木山上有没有拜过师？

蓝陈启：现在这种拜师仪式是没有的。过年过节、杀猪的时候，想拜师的人就叫师傅去家里吃个饭，给师傅送一包面条、一包红糖，就当走亲戚一样去她家就算是拜师了，拜师（礼仪）是没有的。以前没有师傅这个说法，我的山歌是从你那里学来的，我家里杀猪时就请你来吃饭，或者过年带包面条去（师傅）家看看就算是尽了师徒情谊。

采访者：您刚刚说好多人一起拜您为师？

蓝陈启：不，不是我一个人被拜师傅，还有一些做手工艺的、制茶业的等也有人拜师傅，但民歌师傅就只有我一个人。

采访者：我明白了，您说的是拜师活动，就是舞台上坐着好多位师傅，然后有很多人同时拜师。

蓝陈启：对。总共有 12 个师傅，都坐在舞台上，我坐在中间，我的徒弟们先后上来拜师。

采访者：那次拜师有照片吗？

蓝陈启：照片我这里没有，但县非遗中心有。

采访者：**当时县非遗中心组织集体拜师学艺活动，去的徒弟就是您的女儿和孙媳妇？**

蓝陈启：不止的，她们两个只是徒弟的代表。我们是这样拜师的：所有人分成两批上台的，第一批上来的12个徒弟，我女儿是第一批的，每个人拜自己的师傅，先向师傅集体三鞠躬，再递上拜师帖，然后敬师傅一杯茶，师傅喝完，徒弟下去，接着换第二批上来，孙媳妇是第二批的，也是拜我做师傅，程序和前面一样。最后，徒弟代表表态发言，师傅代表表态发言。我们是在孔庙举行拜师仪式，请了专门的主持人，请了民间的乐队来拉唱、伴奏，那个场面可大可庄严啦，我们也觉得自己很有面子。

采访者：**您是从哪年开始传承畲族山歌？您已经培养了多少个徒弟？**

蓝陈启：徒弟很多嘞，我自己一个村男女算起来就有20多个，来自全国各地的，来自外国的，可以说全世界都有我的徒弟。

采访者：**外国的是哪些国家的？**

黄汤菊（蓝陈启孙媳妇）：法国那些老师，反正很多国家。

蓝陈启（左五）在文化遗产日期间收徒拜师仪式

采访者：**他们是来学一下子，还是说来住个几天或者几个月？**

蓝陈启：有个徒弟是温州的，快过年了，叫我到他那边去做老师，说需要三个月时间，他说要办旅游要唱山歌，叫我去温州教他们唱，我说不去，要过年了，我家里有事。他们就派了十九个人到我家里，住了三天。三天过去了都没学会，我就叫他买一个录音机来，录了我唱的三十多首山歌，声音都很亮的，叫他们带回去仔细听。当时在我家好多都只学会几句，后来打电话给我说都学会了。还有文成邀请我去当老师，当时邀请我去唱山歌的文成客人全是畲族，但是都不会唱山歌，我就答应去教他们唱山歌。在文成教山歌时，我们村里打电话过来叫我回家参加晚会，要我马上回家，不回都不行，所以我在文成只做了三天的老师。

采访者：**国内有哪些省市的学生在您家住过？北方有没有？**

黄汤菊：不仅有国内的，外国好多国家都有，比如韩国的。北方主要是北京的。

蓝陈启：泰国的、韩国的都有在我家过年的，一般学三天到五天才回去。

蓝陈启（左一）与她的徒弟（女儿）合影

采访者：**是哪一年？**

黄汤菊：是 2005 年。

蓝陈启：大学生到我家过年的也有好多，大学生是中国的。也有大学的音乐老师到过我家好几次，待了三天三夜，还跟我认姐妹。

采访者：**您刚刚说的在你们家里过年的是泰国的还是法国的？**

黄汤菊：在我们家过年的两夫妻是韩国的。

采访者：**他们是大学老师还是搞研究的人，还是演员？**

黄汤菊：搞研究的。

蓝陈启：有一次，来了几个印度人，在我家住了半个月，但是没过年。我以前是在老家烧饭的，正好编过一首山歌，就教他们唱了。现在来一首，可以吗？我唱我自己的山歌。

（唱）戴花要戴大红花，骑马要骑千里马，唱歌要唱有情歌，听话要听党的话。

我想国家把我评为国家级（非遗代表性传承人），我就要编一首山歌《戴花要戴大红花》来感谢党的关心关爱，就是这首山歌。唱歌

蓝陈启（第一排左二）和学唱畲族山歌的中国计量学院学生合影

蓝陈启在民族小学和小小民歌传承人一起唱畲族民歌

要唱有情歌，就是你从杭州、北京过来都是有情的。国家给了我这么好的待遇，习近平总书记都亲自到我家看望我，党组织又这样关心我，我就要听党的话，跟党走，我是这样想的。

（三）三月三等传统节日传唱畲歌

采访者：听说您这边每年的三月三①**都要办歌会活动？一般都在哪里办？**

蓝陈启在教畲族妇女唱山歌

---

① 三月三是畲族的传统节日，每年的这个节日都举行盛大歌会，并祭拜祖先和谷神，载歌载舞，热闹非凡。并且，还要吃乌米饭，缅怀祖先，款待来客，故"三月三"又称"乌饭节"。

畲族民歌节盘歌会

　　蓝陈启：三月三在景宁广场办，场面很大。这几年我都参加了，高音还可以发出来的时候都会参加，今年的三月三"中国好畲娘颁奖晚会"我也参加唱歌了。

　　采访者：救木山不是还有个孩子跟您学山歌吗？她当时跟您学山歌是个什么情况？

　　蓝陈启：那个是去杭州上学的我的第四代孙女。她八九岁的时候，星期天来我家玩刚好碰上我在唱歌，她也想学，我对她说一定要学好。后来三月三我带她去景宁的舞台上唱歌，她唱得很好。

　　采访者：那个时候您就经常带着小姑娘去吗？

　　蓝陈启：是的，我都带她去的，她还参加过县里的千年山哈演出呢。

　　采访者：您一般教她唱什么歌？

　　蓝陈启：敬茶歌、迎客歌等，有领导来慰问，我们就在端茶敬领导时唱，我昨天唱给你听了，很好听的。我孙女就唱这些歌，小孩子唱这些歌很好听，那是小孩子的歌。

　　采访者：小姑娘唱歌怎么样？

蓝陈启：可以的，去年来我家对我说，她在学校还教别人唱山歌呢。

蓝陈启参加浙江省乡村振兴暨畲族非遗展示活动

采访者：**那批跟您学畲歌的人，现在在村里还继续唱吗？**

蓝陈启：以前我教过的那些人还是会唱的，三月三唱歌都是他们在参与。

采访者：**那批跟您学畲歌的人，您觉得要达到什么样的水平，才能参加三月三对歌？**

蓝陈启：对歌至少要能够互相呼应，唱过去，要根据现场的内容和气氛即兴对过来，若一方唱一首歌，另一方死活对不上来这样就不行。

采访者：**那三月三活动除了唱歌，还有别的大的活动吗？**

蓝陈启：三月三是所有畲族人的节日，除了唱歌，景宁每年都有晚会，还会举办各种各样的庆祝活动。

蓝陈启教小朋友们唱山歌，准备参加三月三活动

采访者：以前听说三月三还是以对歌为主。

蓝陈启：嗯。但现在不光是对歌了，还有很多活动，比如看庆祝晚会呀，吃乌米饭呀等，我现在还可以给你唱一些三月三的歌呢。

（唱）稀奇真稀奇哩，三月初哩三，山哈人啊节哩啰气，这个节气是为大哩，哩，上祖流啰传，传啰下哩啰来，这是三月三的古节节气。

另外有一首是这样的：

（唱）三月啊三哩，三月初啰三，三啰月哩啰三，人人家里染乌饭哩，吃过乌啰饭，身啰健哩啰康。

上首就是吃了乌饭身体健康，还有一首是这样的：

（唱）稀奇真稀奇哩，三月初啰三，大啰节哩气，人人家里染乌饭哩，吃过乌啰饭，蚊子不啰咬哩啰你。

我还编了个歌：

（唱）吃过乌啰饭，蚊子不呀随啰哩人。

"小蚂蚁不会爬人身上"，咬字用畲族话难听，我改成了"蚂蚁不会爬人身"。这个是真的，山上蚂蚁咬了很痛，吃了乌饭就不会咬你了，这些古老的歌是我姥姥告诉我的有关节气的歌。

这是三月三的山歌，还有一首是清明节的，大家都要回家扫墓：

（唱）三月清明人结坟哩，坟上挂纸泪纷纷，孝顺的坟上挂纸，不孝顺的人坟上长草。

蓝陈启（左三）参加老年协会传唱山歌合影

采访者：我看资料上显示，您除了会唱山歌，还会织彩带①。

蓝陈启：会织彩带的，你忘了？我跟你说过，我去日本就是一边编织彩带一边唱山歌呢。现在我们三月三的活动还有编织彩带的比赛和展示呢，彩带编织已经成为三月三的一个重要活动。

采访者：听说有一年三月三活动您还去参加唱歌和彩带编织比赛了？

蓝陈启：嗯，唱歌比赛得了第一名，彩带编织得了第八名。

采访者：一条彩带多久能织好？

蓝陈启：不一定的，最好的彩带需要织一个月，差一点儿的半个月、十几天。整天什么都不干光织彩带，大概也要五六天。我织彩带也很辛苦的，以前没有通电时，用山苍子点起来照明，或者把竹子一条条切开晒干点起来照明，这之后就是点蜡烛，后来通电了，但是那时我的眼睛已经不怎么看得清楚了，织彩带很难的，（工序复杂）需要一步一步来。

（四）唱畲族山歌做公益事业

采访者：刚才听您提到唱山歌做公益性的事情，比如说您是禁毒大使，您是带着一种什么样的心情去做这样的公益事业？

蓝陈启：我对你说，毒品是最坏的东西，人们的身体要保养好才是好的。好几次从电视上看到禁毒的新闻，毒品真不是什么好东西，为此我还编了一首山歌。后来刚好禁毒组织来找我，说："蓝大妈是您吗？想找您帮忙宣传做事情。"我说："什么事情？做得来我就做，做不来我就不做。"他说"找你宣传禁毒"，我问："讲话还是做什么？""您山歌编得起来唱吗？"我说："可以呀。"

我是这样想的，吃来吃去，房子都吃没掉，老婆都离婚掉了，能让更多的人知道毒品的危害，我愿意编山歌来宣传。我就编了首山歌：

（唱）世上毒品会害人，害了世上多少人，查到毒品要处理，进入牢房要判刑。

（唱）吃到毒品无奈何，离了家庭离公婆，千万毒品不要碰，鼻

---

① 畲族彩带，是畲族民间工艺品中最具有民族特色、最主要的一种民间工艺品。2021年，畲族彩带编织技艺入选第五批国家级非物质文化遗产代表性项目名录。

流泪流背又驼。

采访者：景宁吸毒是比较多吗？

蓝陈启：景宁不多的。我讲给你听，我还有一首山歌没唱，我以前是养兔子的，我自己养兔子的，以前为了拔草哪里都去的，看到有一种花开起来很漂亮，心想：这是什么呀？后来才知道是罂粟花。因为稽查人员工作做到我家来了，告诉我不能种那个罂粟花，种的话查到就要坐牢，要拔掉。我对村里人讲，大家都要拔掉，吃进去很危险的，大家都听我的，都拔掉了。这几年看不到了，以前都是种在自己家的菜地的。歌是这样唱的：

（唱）党的政策真英明，查到毒品害人精，毒品千万要离远，做个社会好村民。

采访者：您一般是在景宁唱，还是到别的地方？

蓝陈启：都去的，杭州、北京都去的。在杭州我都领过奖啦。有

蓝陈启做禁毒宣传

一次到杭州，以前我都没讲过畲语，都讲普通话。那一天我用畲语讲了一句"毒品害人精"。导游对我说："大妈，您讲的什么话，我听不懂。"我说："你听不懂，我用普通话跟你讲，毒品是最坏最坏的东西，是害人精。"那个带队的领导都笑起来："大妈您这是真正的宣传。"以前我都用畲族话讲，后来我改用普通话讲。前年杭州去了三次，丽水去了两次。禁毒宣传去了一次，火灾宣传去了一次，火灾宣传也是去领奖。

蓝陈启到学校开展禁毒宣传

采访者：火灾宣传是什么？

蓝陈启：哦，我还是消防

宣传大使。

采访者：哦，你既是禁毒形象大使，又是消防宣传大使，这些公益事情是上面领导要求您做的吗？

蓝陈启：不是哦，是领导跟我商量请我去做，我自己也很愿意做。领导到我村来拜访我时说："您就是蓝大妈吗，我想请您做宣传，您愿意吗？"火灾宣传也是那样的，到我家里请我，我很高兴地答应了，既可以做宣传，又可以编山歌唱多好呀。

采访者：做这些工作政府有补贴吗？

蓝陈启：有时有，有时没有的，领过奖，钱都不要讲，大家相信我就好。

采访者：就是说给您奖励的时候，会稍微有一点？

蓝陈启：就是有一次火灾宣传给了我误工费，禁毒没有，有时参加会议被评为先进也会有奖励的。

采访者：你现在生活主要是靠儿女吗？

蓝陈启：没有，我能靠自己呢，国家政策好啊，每年发给我国家级非遗传承人补贴2万

蓝陈启教唱禁毒山歌进校园

蓝陈启在孩子们中教唱禁毒山歌

蓝陈启走村入户用畲族山歌宣传禁毒

蓝陈启在畲民中用唱山歌的形式开展禁毒宣传

蓝陈启（右二）教徒弟们学唱禁毒山歌

蓝陈启在学校用教唱山歌的形式宣传消防知识

元，省级非遗传承人补贴 5000 元，县里给国家级非遗传承人每年补贴 1.2 万元。还有县非遗中心每年组织我们体检、培训、开会，慰问，县里的领导也经常慰问我，我也有钱看病了。加上儿女、孙媳妇都很孝敬，我现在很幸福的。

采访者：您刚刚提到，想把您这一生唱的山歌，就是畲族民歌，把它们编成一本书，编成《畲族民歌选》或者是《蓝陈启民歌选》，内容包括童谣、情歌、生活歌，《高皇歌》，还有《禁毒歌》《消防歌》，都把它们编起来。

蓝陈启（第二排左六）参加第四届全国 119 消防奖先进个人表彰会

蓝陈启用山歌在孩子们中宣传消防知识

蓝陈启：好多歌都把它编起来，三月三都有的。我慢慢地要编成一本书，请老师来编，我自己编不起来。

（五）到学校教唱山歌

采访者：听说您会到小学里去传播、传承畲族民歌，主要有哪几所小学？

蓝陈启：知道吗？我去教唱山歌，是听习近平总书记的话呢。总书记叮嘱我一定要把山歌传承下去，那我只教我自己的女儿、儿子、孙子和孙媳妇，那是远远不够的啊，所以我要去学校里教孩子们唱山歌，从小教他们学畲语，那才能传下去呢。所以我去好几所学校上课，主要有民族中学、民族小学、鹤溪小学、张村小校、学田小学、英华学校，经常去学校上课，我唱一句大家学一句。

采访者：您教唱的时候，都是唱一些传统的歌呢，还是唱一些新的歌？

蓝陈启：到小学就教适合小孩儿唱的歌啊，像《火宅歌》啊，《禁毒歌》啊，《读书歌》啊，等等。

蓝陈启在实验一小教唱畲族民歌

蓝陈启在民族小学教山歌

蓝陈启在民族中学授课时与学生合影

蓝陈启在民族民间艺术传承学校用畲语向学生传授畲族山歌

采访者： 哦，那您《青蛙歌》《蚂蚁歌》有没有教他们？

蓝陈启： 教啊，我也会教他们一些儿歌，也会有现场编的歌。

采访者：您教的这些学校里，哪几所学校的学生学得特别好？

蓝陈启： 民族中学①的学得好，民中有一个班的学生全部是畲族的，他们都能唱，路上碰到我，说："奶奶，您教的山歌我们都学会了，您到这儿来，我唱给您听啊。"也有好多的汉族小孩儿，学是都学了，因为不会畲语很难学会，也唱不了。

采访者：您在民中教了有几年了？

蓝陈启： 有十几年了。

采访者：民中是小学还是中学？

蓝陈启： 是中学。那个校址最早是初中，我孙媳妇读书的时候叫民中，后来改成小学了。

采访者：教了十几年了，您现在还去教吗？

蓝陈启： 还是经常去的，经常去宣传防火灾啊，禁毒啊，会的山歌都可以教唱，也有领导一起去的。

采访者：那么您在文成去的也是学校吗？

蓝陈启： 去温州文成也是去学校上课，我被请去那边当老师教了三天山歌，我现在都忘记我教什么歌了。

采访者：这次是在中学还是小学教？

蓝陈启： 也是小学，是当地的村支书接我去

---

① 景宁畲族自治县民族中学创建于1986年，位于全国唯一的畲族自治县——景宁畲族自治县城南，依山傍水，风光秀丽。

的，车子开到我家里来。

采访者：除了文成，您还去了哪些地方教唱？

蓝陈启：还经常去龙泉，龙泉是老人协会，老人协会叫我一定要教他们唱歌，每次开会前我就教大家唱歌，在那里也教了好几首山歌，因为都是现场编的，歌词没有当场记下来，我就忘记了。还有温州永嘉叫我去那边过年，要求教三个月，因为快要过年了，村里要演出，要唱歌，我就没去，后来他们还是组团到我家里来学，学了一个多星期呢。

采访者：很好，确实畲族山歌是好唱又好听。您刚刚说你们家是六代唱山歌。您的奶奶、妈妈、女儿、孙子、曾孙和您。

蓝陈启：我一定要把这个传下去，有一次我去我孙子读书的那所学校教山歌，老师不知道其中有个学生是我的孙子，我听了就是他唱得好一点。

采访者：救木山有一个侄女唱得很好，是吧？

蓝陈启：那个侄女会唱，那个侄女是我养大的，前面跟你说过，从小跟我的。之后我就教她唱歌，告诉她要学起来，我拿了一本歌本过来，教她唱，她会的好多歌都是从那个歌本里学起来的，好多都是婚礼歌，几天几夜都唱得下去，有好几千首呢，她声音也好，现在50多岁了还能唱那个假音。

采访者：您除了表演队，外面还会教唱山歌吗？

蓝陈启：有的，还会去东弄①教唱，东弄有个

蓝陈启在自己的工作室一边编织彩带一边教唱畲族山歌

蓝陈启参加爱心支教活动传唱山歌

蓝陈启（左一）成了畲乡代言人

蓝陈启（中间）参加在浙江音乐学院举行的《畲歌如画》浙江畲族风格合唱组演出

---

① 东弄村，位于浙江省景宁畲族自治县城东南部，属鹤溪镇，91户，344人，其中畲族265人，经县人民政府批准为革命老区村。

浙江省非遗专家组莅景召开座谈会
蓝陈启（左一）在发言

蓝陈启（左二）参加景宁畲乡政协
委员会客厅第三次活动

蓝陈启（左一）在教十九大代表蓝
景芬学唱畲族山歌

蓝陈启（第一排左一）在温州市文
成县西坑村举办畲歌培训班

织彩带很厉害的"织带王"叫蓝延兰，我教唱山歌，她教织彩带。

采访者：就是你们俩出去表演是吗？

蓝陈启：有时候是的，春节拜年的时候也会去别的村，比如张村，看望一些老人，给他们表演。

采访者：您说的张村在哪里？

蓝陈启：张村原来和我们是一个大队的，村里唱山歌是一年比一年盛行。党的政策这么关心畲族山歌，我今年80岁了，只要走得动我都要唱下去。东弄做织带的师傅，织带时也唱山歌。外边一个唱民歌的师傅也评到了（奖），声音很好听，以前唱民歌出名的是我，现在越来越多的人名气慢慢上来了，我还要带很多很多的徒弟呢，让她们也出名。

（六）唱各种畲族山歌给您听

1. 童谣

采访者：您奶奶山歌唱得好，还是您妈妈山歌唱得好？

蓝陈启：都唱得好。我奶奶的也听过，声音也好，我妈妈也唱得好。

采访者：您妈妈是不是跟您奶奶学的？

蓝陈启：不是的，妈妈是跟外婆学的。其实我爷爷也会唱，以前畲族人都会唱歌的。

采访者：那您唱山歌主要是跟妈妈学还是跟奶奶学的？

蓝陈启：我主要跟妈妈学，学起来以后，长大了到山上去玩时就开始唱歌。那边山头是男的，这边山头是女的，两边的男女打个招呼山歌唱过去，大家推来让去，"你唱额，我不唱，你唱额，我不唱"，你也不唱她也不唱，就叫我来唱。我胆量很大的，我就唱了。打个招呼"哦吼"，女的就这样子，男的也"哦吼"，这样地就唱过来，这种类型的歌是情歌，唱过去那边回过来，来来回回，胆量就更大了。对歌都能对，就越唱越好，一年比一年好。之后解放了，重视唱歌，我烧饭唱歌，背小孩唱歌，扫地唱歌，晚上坐那边没有活干也唱歌，甚至连吃饭脑子里也想着唱歌。

采访者：那您学的第一首歌是什么？还能想起来吗？

蓝陈启：那个歌我记得，都是小孩的歌，现在老了不敢唱这个了。我妈妈告诉我，我记得的。这就是我学的最早的一首山歌。

采访者：那是个什么样的山歌呢？

蓝陈启：是小孩儿山歌，我妈妈抱着我，摇着摇着，说"我告诉你唱山歌，教你唱山歌"。这样我就学了第一首山歌。

采访者：就是说，这算是您的第一首歌，到现在您还记得住，还是唱给我们听一下吧，好吗？

蓝陈启：嗯，我记得，我就唱给你听吧。有两首的：

一首歌是：

（唱）小孩儿小，小孩儿穿裙拖到地，早上去玩晚上回，裙子都是泥，小孩儿小又小。

这里的裙子是指我们农村人用的布裙咯，就是以前小孩儿穿的包裙，用布的围裙包起来那样。（围裙类似于小孩儿开裆裤，围裙包起来拖到地。）这是我记住的第一首山歌。另外一首，有点差不多，只是下面两句例外。

第二首歌是：

（唱）小孩儿小，小孩穿裙拖到地，十指排起来有长短，山里树木有高矮。

采访者：您还会唱其他儿时的山歌吗？

蓝陈启：会啊，唱歌是唱不完的。

采访者：再给我们唱一些好不好？好听。

蓝陈启：这个小孩儿山歌不要唱了，唱小孩儿的歌有点难为情。

采访者：不会不会，小孩儿山歌也好听，我很喜欢听，有一些老歌特别有味道。

蓝陈启：好吧，好多老歌传下来喽，《蚂蚁歌》（蓝陈启自编歌曲）啊，我唱给你听：（唱）黄泥妮崽抬啊抬，抬肉叫爹娘，爹娘不吃肉，耳朵抓到劈。

采访者：哦，这个就是《蚂蚁歌》呀。很好听。

蓝陈启：还有一首是童谣，没歌名。

（唱）跳蚤跳跳去接亲，蜻蜓跳跳做媒人，蚂蚁爬爬当舅舅，蚂蚁爬爬当喝酒。

采访者：这个其他村里的小朋友会唱吗？

蓝陈启：会唱的，我告诉他们，大家就会唱了。

采访者：真的好听。

蓝陈启在唱历史故事歌

蓝陈启：（唱）南水公（一种蜻蜓）鼻涕浓浓，爷担铁来子担铜，抬到油田凹，跌倒捡到个烂草包，抬到猪屎岭，跌倒躺横横，它爹赶去拉，它娘赶去看。

采访者：大妈您小时候唱过的童谣《蚂蚁歌》《蜻蜓歌》，其他还有一些什么童谣你再给我们唱儿首。

蓝陈启：又是小孩儿的歌啊。我想一下哦。

（唱）踩下东踩下西，踩到石头过山坡。蜻蜓过河不沾水，螃蟹过海不带泥。

采访者：这些童谣是您自己编的，还是老人教给你的？

蓝陈启：你不要笑啊，我没文化，有些是自己编的，有些是以前爷爷念给我听的，爷爷做草鞋你看过没？做那个草鞋，我边看他做，他就教我山歌，那时候小，教了好几遍呢，（一遍）都学不来。

采访者：草鞋师傅教您的是不是？

蓝陈启的传承工作室

蓝陈启：不是，是我亲爷爷。

采访者：**哦，他在编草鞋，一边编一边唱。**

蓝陈启：一边打草鞋，一边说"孙女，我教你唱山歌"。我喜欢唱歌，我爷爷就那样念给我。

（唱）细崽细细在一起，树儿小小会成林。衫儿有长也有短，水渠有浅也有深。

2. 生活歌

采访者：**听说您还编了有关电和电视的歌？您是嫁到这边后才有电了还是在救木山就有了。**

蓝陈启：嫁到这里以后才有的，那时救木山还是点蜡烛。刚嫁过来的时候还没电，我忘记是哪一年有电的，后来有了，我还编了一首歌，有了电视后也编了一首歌。

采访者：**您能给我唱唱吗？**

蓝陈启：有点忘记了，我想一下，哦，记起来了。

（唱）党的领导变化快，灶前烧火不用柴，电锅煮饭真好吃，电

生活歌

炉炒菜十分快。科学发达有主意，工厂造出电视机，电视播出是电影，电影播出人演戏，科学发达造出来。哩，北京市里造电台，电台造起拍电视，哩，节目拍进去，播出哩。

都是我自己临时编出来的。

（唱）国家改变真也快，灶前没火用电器，电锅煮饭真好吃，电盘炒菜真也快。科学发达有意思，工厂造出电视机，电视播出是电影，电影播出人做戏，科学发达造出来。哩，北京市里造电台，电台造起拍电视，哩，电视播节目，真棒哩。

我随意编的，编得不好。

采访者：您会唱彩带歌吗？

蓝陈启：会，我唱一首给你听。

（唱）新织彩带两边红。蚕丝做心面做边，织带也是古人传，上祖流传下来。

这个是我奶奶、妈妈教我的，不是我自己编的，是老歌呐。

采访者：老歌好听啊。

蓝陈启：年轻的不会唱啦，我老了不能唱了。

长夜对歌

采访者：**真的好听啊，您的每一首歌都很有特色。我想再请教您一个问题，敕木山的畲话跟双后降的畲话，是不完全一样的？**

蓝陈启：一样的，但景宁的畲语跟云和的或者跟龙泉的跟庆元的畲语是不同的，只是有一点不同（带有当地的口音）。

采访者：**那你们景宁的跟福建的可以交流吗？**

蓝陈启：能交流得来。那一年有一个福建人来我家里，来村里旅游的，到我家里玩了好几次，我们就能够交流。他唱歌给我听，有一点不同的是，他唱得节奏快一点。

采访者：**是福建哪个地方的？**

蓝陈启：哪个地方我记不清了，好像是福建宁德的，就来过一次，大家就聊天。到我村里做客的，来旅游的，我刚好在里面帮忙。

采访者：**他们的调好听，还是景宁的调好听？**

蓝陈启：都好听的，各有特色嘛。他们的那个调节奏快啦，唱得很快，景宁没有那样快的，四句话差不多快的。

采访者：**也就是说他们的节奏很快，景宁的节奏比较慢？**

蓝陈启：嗯，是的。当时他唱了一首我也唱一首，我唱的一首是：

（唱）东边出了太阳红，中国出个毛泽东，成立一个共产党，革命红军打成功。

我看到电视上放的，我看什么唱什么。我随便给他唱了一首歌，我都没有准备的，他是排练过以后才来的，他原来是上舞台唱的，我是随口来的，坐这里聊天，随便来的。以后我编了好几首呢，周恩来、邓小平、朱德，都编过。

采访者：**您都给我们唱一下吧。周恩来的、邓小平的、朱德的您都给我们唱一下。**

蓝陈启：好的。

（唱）东边太阳映日红，中国一个邓小平，小平领导政策好，男女平等做主人。

采访者：这个词是您自己编的？

蓝陈启：是我自己编的。

（唱）东边太阳上山来，中国一个周恩来。中央领导文件好，样样文件做得来。东边太阳又上来，中国一个周恩来，中央领导计划好，样样（文件）政策做得来。

还有一首是：

（唱）东边太阳上山边，中国出了个朱德；

　　　带出兵马五千万，每个省份都解放。

采访者：**还真不错，唱了毛泽东、邓小平、周恩来、朱德。**

蓝陈启：我还准备唱总书记习近平呢，第一首唱他讲的话，到丽水的讲话。

（唱）习总书记有所托，绿水青山就是金山银山；

　　　守住绿水又青山，畲汉两族日子比蜜甜。

采访者：**编得好！**

蓝陈启：还有一次十九大代表蓝景芬来到我家，让我教她一首山歌，带到北京去唱，也不知道唱没唱。我编了一首山歌给她，是这样的：

（唱）十九大来召开，选出新人代表会，代表参加十九大，总的书记选出来。

这首山歌是我编起来给十九大代表带到北京去的。

3. 婚丧歌

采访者：**您妈妈会唱很多山歌吗？**

蓝陈启：会唱的，以前结婚都唱歌的，唱到天亮的，我妈妈也去唱的。

采访者：**就是说畲族过去结婚啊，都要唱歌的？**

蓝陈启：是的。以前畲族女儿出嫁或者迎亲是要唱山歌的，我就知道我大姐结婚时是唱了两天两夜山歌，现在结婚时赤郎赤娘对歌一般都是一天一夜。

采访者：**您能不能给我们介绍一下畲族婚俗中的对歌？**

蓝陈启：嗯，好啊。我跟你说，我们畲族男女结婚前是有媒人的，若男方经过媒人介绍中意女方的，就会通过对唱山歌去求爱，这时男青年会这样唱：

男唱：砍好柴禾下山岗，三岔路口等少娘；

　　　有心问你一句话，金鸡能否配凤凰。

如果姑娘同意，就回答：

女唱：娘村有个观音堂，你郎拜佛又烧香；

　　　早托媒人来定亲，有情定会配成双。

有些男女双方在刚谈恋爱时，往往会先唱试心歌。

女唱：月亮弯弯像把梳，妹子花花恋郎哥；

　　　恋郎不知郎哥意，先唱一个试心歌。

男唱：郎子砍柴高山头，心想妹子开歌喉；

　　　有情妹子应一句，解开郎子百日愁。

有些情歌，能唱出小姑娘初恋的心理，歌词很好听的：

（唱）　小鸟初飞怕风吹，妹子恋郎难开声；

　　　　不是妹子喉咙哑，只恐郎哥不领情。

拦路对歌（郑迪拍摄）

采访者：嗯，是很好听，这是求爱的，那婚礼的对歌呢，您能不能给我们介绍一下？

蓝陈启：嗯，可以。在我们畲族婚礼中有一个拦路的环节，地点是在女方家门口的路上，迎娶新娘时，男方请"赤郎""赤娘"（对歌手）各1人，"行郎"几个人。"接姑"（陪伴新娘）2人。迎亲队伍快到女方大门时，媒人放鞭炮报讯迎亲队伍到达，女方也放鞭炮接应，表示迎接娶亲队伍。这时候会拦路对歌，男女是这样对的：

男唱：年轻阿妹有文才，唱条歌言分妹对；

歌若埋①唱唔②让路，唱了山歌路来开。

女唱：年轻表兄聪明郎，奴我拦在路中央；

奴娘拦在路边娚③，山歌唱得路长长。

男唱：我今拦路有来由，不为冤来不是仇；

妹是聪明贤惠女，心忖结亲奴你求。

女唱：表兄做人乃实强，唔吓山高岭又长；

你肯到我垌里掌④，伞当瓦寮来遮郎。

男唱：路中唱歌真有情，阿妹隔村难通信；

变做甲狸钻过山，红线寻来妹穿针。

女唱：表兄唔使多劳心，唔使钻山又穿针；

总爱你郎真情谊，山歌亦会当媒人。

采访者：嗯，好听，您继续说。

蓝陈启：嗯，在畲族婚礼中有一个环节特别有趣，那就是借锅，也就是说男方来迎亲的队伍要在女方家摆酒席，用完晚餐对歌后才能接走新娘，所以晚餐就由男方"借"女方的炊具、食具在女方宴请客人，叫"请大酒"，其间要举行有趣的"借锅"仪式，这个时候，赤郎来到灶前，厨房站满了看热闹的人，村上的姑娘、媳妇围在灶边。阿姨舅母或姨母端着盛有一块猪肉、两块豆腐、香烛的米筛（盘子），到厨房间向赤郎作揖，赤郎接过后又向阿姨舅母或姨母作个揖，再向灶神作个揖，米筛放在灶台上，赤郎当着看热闹的男女亲邻唱起"借锅歌"：

---

① "埋"是指"没"。
② "唔"是指"不"。
③ "娚"是指"对歌"。
④ "垌里掌"是指"洞里坐"。

酒宴劝酒歌

　　赤郎：古礼在先，浅学赤郎，多在山村，少见书堂，口才粗糙，礼难周全，若错莫怪，多多见谅。

　　赤郎：今哺（天）来到太公乡，

　　　　　　太公掌得好寮场；

　　　　　　门前麒麟对狮子，

　　　　　　寮后金鸡对凤凰；

　　　　　　田中五谷多清秀，

　　　　　　寮里六畜又兴旺；

　　　　　　天生龙脉真罕见，

　　　　　　合似仙家落凡洋；

　　　　　　龙马相会对寮场，

　　　　　　观音坐落在中央；

　　　　　　金字寮门八字开，

　　　　　　郎儿借锅上门来。

　　　　　······················

　　接着是唱借炊具的"谜语"山歌。在这之前，女方姐妹早把厨房凡能收藏的炊具都藏了，要赤郎唱什么，拿什么，唱一样拿一样。如果唱漏了，要为难赤郎重新"借"齐炊具。谜语山歌可以是按照炊具形象由赤郎随口编的。赤郎唱一首，女子对一首，拿出一件相应的用具给对方。

这个环节的歌词如下：

赤郎唱：四四方方一坪垟，当央两口似龙塘；
　　　　　乌云遮月一对宝，一对鸳鸯水面上。

女唱：借使金镬一坪垟，铁镬两口似龙塘；
　　　　桶盖圆圆一对宝，水杓舀水水面上。

赤郎唱：一双水鸭飞落塘，口衔珍珠水面上；
　　　　　一对鲤鱼塘翻白，身上有鳞好省痒。

女唱：捞算捞饭镬当央，介边放落那边上；
　　　　刀摆好似鱼翻白，镬刷来刷镬正光。

赤郎唱：仙人手掌定一对，双龙抢珠两路来；
　　　　　金盏一对福全寿，玉宇金盘取一对。

女唱：铁打火钗钗火灰，火钳火钗两路来；
　　　　桌凳酒盏排上位，四方菜板好切菜。

赤郎唱：鲤鱼游在塘底上，手拿罗网定鱼仓；
　　　　　玉女吹箫火城内，龙潭宝塔珍珠藏。

女唱：借你铲子好炒菜，调羹饭箸放桌背；
　　　　又借火管来吹火，饭甑炊饭气腾腾。

赤郎唱：一双龙眼挂壁上，最大开口叿朗朗；
　　　　　金龙练宝五龙取，五龙抢珠喷喷香。

女唱：油盏点火朗来光，钵子装菜汽往上；
　　　　茶壶烧茶分郎食，酒壶斟酒六亲尝。

赤郎唱：龙塘内里取宝贝，取宝师父来分开；
　　　　　金盘装定送上位，进宝状元出朝来。

女唱：铁镬内里煮海菜，铁打铁勺好舀菜；
　　　　桶盘端菜送上位，六亲食酒笑爱爱。

赤郎唱：调兵出将似战场，大仓小仓有存粮；
　　　　　黄龙来载长流水，铁扇公主来思量。

女唱：切菜煮菜何得忙，大钵小钵装菜香；
　　　　又催走堂来担水，灶前烧水阿姨帮。

赤郎唱：江水渺渺在海中，好借落地十八双；
　　　　　真是大户人家女，好似皇帝女出宫。

女唱：水缸装水似海中，八仙桌上十八双；
　　　厨房家伙都借好，借好有礼凑成双。

赤郎唱：当门赤郎未学会，借双切姆来擎柴；
　　　　借双阿姨来烧水，擎柴烧火手脚快。

女唱：你做赤郎未学全，擎柴又爱来叱我；
　　　生柴擎来你烧火，烧奈不着毛相干。

赤郎唱：厨下家伙借定当，水若落镬镬刷光；
　　　　手拿猪肫难落镬，阿姨切姆撒砻糠。

女唱：你做赤郎吾在行，肽你刷镬未刷光；
　　　猪肫不肯放落镬，还怪阿姨撒砻糠。

赤郎唱：砻糠撒来郎不愁，镬帚拿来调转头；
　　　　介边刷来那边旋，猪肉落镬火来烧。

女唱：赤郎做人好调皮，临时出得好主意；
　　　镬帚调转来刷镬，铁镬赤郎刷清汽。

赤郎唱：人客肚饥闹喳喳，耽搁煮菜是亲家；
　　　　人家都讲明白话，句句讲娘不怨我。

女唱：赤郎手艺为学真，猪肉好放镬中心；

畲族婚俗"借镬"对歌

己个吾肯放落镬，句句还讲怨别人。

赤郎唱：镬奈刷好水舀上，猪肚放落镬当央；
又请阿姨来烧水，燥柴烧火火力强。

女唱：当门赤郎学得会，切菜煮菜来得快；
赤郎又是老手段，我娘烧火使硬柴。

采访者：嗯，真的挺有意思，也好听，请您继续说。

蓝陈启：嗯，还有一个环节，是在嫁女酒宴上，要举行劝酒礼。举盘劝酒是在晚餐开始时举行的，晚餐时亲家坐主位，请女方贵宾舅公、舅舅等坐中堂首席。菜吃过三碗，女方请来跟赤郎对歌的歌手（也叫赤娘）端上一个桶盘，盘内装有一对红蜡烛，放上来两只酒杯，一个红包。赤娘由新娘的姐妹提着酒壶陪同，首先来首席劝酒。新娘的姐妹先介绍新娘对所有要劝酒的客人的称呼，然后赤娘开始唱《劝酒歌》：

（唱）一双酒盏红了红，奉献大厅劝祖富；
奉劝祖宗食双酒，酒宴究满保佑孙。

先劝首席第一位客人舅公，赤娘歌罢，姐妹斟满一杯酒递给舅公，舅公放一个红包到桶盘内，接过酒一饮而尽。首席的客人一一劝过后，到各桌也一一劝酒，每人都要给一个红包。这些红包分些给姐妹，叫"姐妹钱"，大部分给赤娘做手薪（对歌礼金）。劝完酒，还在酒席中间，赤娘就开始寻赤郎对歌：

赤娘唱：一双酒盏红了红，奉献桌上劝舅公；
舅公舅婆食双酒，酒宴完满结成双。

赤郎唱：舅公食酒通面红，讲出彩话是灵通；
今晡食掉外甥酒，明年又添外甥孙。

赤娘唱：一双酒盏似黄金，奉上桌上劝媒人；
劝你媒人食双酒，酒宴完满结成亲。

赤郎唱：阿姨劝酒真有心，一双酒盏劝媒人；
天上无云埋落水，夫妻没媒难成亲。

赤娘唱：一双酒盏花又花，奉上桌上劝亲家；
劝你亲家食双酒，酒宴完满妹出嫁。

赤郎唱：一双酒盏花又花，感谢阿姨劝亲家；
六亲九眷食双酒，酒宴完满好行嫁。

赤娘唱：一双酒盏发亮光，奉上桌上劝爷娘；

世上一男对一女，女大总好配贤郎。

赤郎唱：爷娘领酒莫痛心，女大总好嫁别人；
　　　　今晡筵上食双酒，七日回转肷双亲。

赤娘唱：一双酒盏似金黄，奉上桌上劝行郎；
　　　　今劝行郎食双酒，酒宴完满结妻房。

赤郎唱：阿姨劝酒歌朗朗，感谢阿姨劝行郎；
　　　　食了新娘一双酒，酒宴完满度新娘。

赤娘唱：一双酒盏似黄金，奉上桌上劝六亲；
　　　　六亲九眷食双酒，酒宴完满结成亲。

赤郎唱：讨亲嫁女喜洋洋，全靠六亲九眷帮；
　　　　阿姨劝酒多食盏，感谢六亲来帮忙。

对歌是一个最热闹的场面。唱的有度亲歌、嫁女歌、采茶歌、结成双、恩爱夫妻等。忌唱不吉利的内容，一直唱到新娘起身为止。新娘起身还唱"催亲歌""起轿歌"。

采访者：听说畲族过去除了结婚，做丧事啊也要唱歌的？

蓝陈启：是的。以前结婚都唱歌的，唱到天亮的，人去世后也要唱歌，做功德仪式中有一个角色要女的来扮，要打扮起来坐在那里不走动，开水、饭都拿到手给她吃的，我妈妈就做过。人去世时是唱功德歌，也就是唱哭哀歌，那种是过夜的，要唱一夜或者几夜。

采访者：唱喜歌和唱这种哭哀歌，有什么区别？

蓝陈启：唱喜歌是发哩音，唱哭哀歌是发啊音，这样的。我唱一首哀歌给你听。

（唱）娘是我的好大人，娘吃百岁不怕老。

采访者：好像是的。

蓝陈启：哭哀歌就是我刚才唱这种。人去世时就排在大厅，两边坐着唱歌的人唱哀歌。

采访者：唱婚礼的就要发哩的音？

蓝陈启：对的，昨天我唱给你听的那种。

4. 历史故事歌

采访者：您能不能再给我们唱儿首神话故事、历史的歌呢？比如畲族最有名的《高皇歌》？

蓝陈启：《高皇歌》若要唱有一百六十几段呢。还有《长毛歌》《盘王歌》。

采访者：那《高皇歌》您给我们唱几句好不好，还有别的传说、故事的歌您也给我们唱几句，您能唱几句就唱几句。

蓝陈启：《高皇歌》记不全了，我给你们唱几段吧。

（唱）盘古开天到如今，世上人何几样心；
　　　何人心好照直讲，何人心歹会骗人。
　　　盘古开天到如今，一重山背一重人；
　　　一朝江水一朝鱼，一朝天子一朝臣。
　　　说山便说山乾坤，说水便说水根源；
　　　说人便讲世上事，三皇五帝定乾坤。
　　　盘古置立三皇帝，造天造地造世界；
　　　造出黄河九曲水，造出日月转东西。
　　　造出田地分人耕，造出大路分人行；
　　　造出皇帝管天下，造出人名几样姓。
　　　盘古坐天万万年，天皇皇帝先坐天；
　　　造出天干十个字，十二地支年年行。
　　　天皇过了地皇来，分出日月又分岁；
　　　一年又分十二月，闰年闰月算出来。
　　　地皇过了是人皇，男女成双结妻房；
　　　定出君臣百姓位，大细辈分排成行。

采访者：唱完了，没有了吗？

蓝陈启：还有很多很多。我再给你们唱两段吧。

（唱）龙麒平番实惊人，公主自愿来结亲；
　　　皇帝圣旨封下落，龙麒是个开基人。
　　　龙麒平番立大功，招为驸马第三宫；
　　　封其忠勇大王位，王府造落在广东。
　　　王府坐落在广东，忠勇平番显威风；
　　　亲养三男一个女，带上殿里去罗封。

亲养三子生端正，皇帝殿里去罗姓；

大子盘装姓盘字，二子蓝装便姓蓝。

第三细崽正一岁，皇帝殿里罗名来；

雷公云头响得好，笔头落纸便姓雷。

忠勇受封在朝中，亲养三子女一宫；

招得军丁为驸马，女婿本来是姓钟。

三男一女封端正，好粲皇帝管百姓；

掌在广东潮州府，留传后代去标名。

（唱）盘蓝雷钟一宗亲，都是广东一路人；

今下分出各县掌，何事照顾莫退身。

盘蓝雷钟在广东，出朝原来共祖宗；

今下分出各县掌，话语讲来都相同。

盘蓝雷钟一路人，莫来相争欺祖亲；

出朝祖歌唱过了，子孙万代记在心。

盘蓝雷钟一路郎，亲热和气何思量；

高辛皇歌传世宝，万古留传子孙唱。

采访者：《高皇歌》唱的是什么时候的事？

蓝陈启：出朝，出朝我也不知道哪一年发生的，几千年啊，我不知道，讲不来。

采访者：您唱的《高皇歌》是跟谁学的？

蓝陈启：祖传，最早的时候祖传下来的。

采访者：祖传，是您奶奶教您唱的还是您妈妈教您唱的？

蓝陈启：是我妈妈教的，听说我妈妈也是从别的地方那里听来的，有歌本的。

采访者：敕木山上的家里有这个手抄的歌本吗？

蓝陈启：有的，以前有，现在不知道还在不在，我们村里我女儿有一本《高皇歌》的歌本不知还找得到找不到。

采访者：老的一些畲族山歌您还能唱哪一些？

蓝陈启：老的山歌就是出朝的山歌算老了。《搬迁歌》，几千年了，是有歌本的，我给你们唱吧。

  （唱）广东住了几多年，山哈思量吾种山；

     山场作多冒好食，走落别处去作田。

     走落福建去作田，亦有田地亦有山；

     作田作山是辛苦，作田亦要靠天年。

     福建田土亦是高，田土有好亦有瘦；

     人奈命好作有食，人奈命苦做亦冒。

     兴化古田好住场，蓝雷三姓住山乡；

     哈老欺侮太厉害，走落罗源过连江。

     福州大府管连江，连江罗源好田庄；

     蓝雷三姓散散住，亦无住落好田庄。

     住在福建去开基，蓝雷三姓莫相欺；

     你女奈大我寮度，我儿奈大你寮去。

     古田是古田，古田人女似花千；

     罗源人工过来度，年冬饮酒担猪爿。

     连江是连江，连江人女好个相；

     古田人儿过来度，年冬担酒扛猪羊。

     古田罗源与连江，都是山哈好田场；

     奈因官差难作食，思量再搬住浙江。

采访者：好，蓝大妈啊，您刚刚讲到《长毛歌》①，这首歌你还能够记起来吗？

  蓝陈启：《长毛歌》吗，我也记不全了，太长了，给你们唱其中的几段吧。

  （唱）广东金田好风光，出了一个长毛王；

     长毛亦是天生子，口出圣旨就做王。

     长毛来打大州城，州府官员没敢仰；

     是我天下由我管，亦没官府敢来争。

     州府县道富人多，何钱买田自唔做；

     富人买田做田主，田主收租穷人做。

     州府县道恶人多，何钱买田唔自做；

---

① 长毛歌，畲族长篇叙事诗歌。歌颂太平军英勇善战，控诉清朝官军的腐败无能，揭露封建地主阶级的残酷剥削和压榨，它所反映的基本是当时的真实情况，具有一定的史料价值。

没钱人子没田土，田土租我穷人做。

田土租我穷人做，田租又要交得多；

穷人没田就造反，反透州城府县官。

穷人造反起身行，打透州府零县城；

山场田园都荒尽，荒了没人转去耕。

长毛造反一个王，一阵兵马随身上；

兵马近前唔离远，唔怕坏人来战场。

长毛造反是好人，百姓捉去也放心；

寮何爷娘放你走，没爷没娘便当兵。

长毛造反转团团，眼头出早歇得暗；

离城还何两里路，官府打马走出关。

长毛兵马透州城，州城官府心吓惊；

......

我还记得有这里还有一首歌，叫《盘王歌》。

（唱）盘古造天到时今，一群山歌一群人；

一潮江水一潮鱼，一朝天子一朝神。

采访者：这个一朝天子一朝神，神就是神仙的神是吧？

蓝陈启：是的。

（唱）盘古开天到时今，世上就有几种人；

有人心好对人讲，有人心坏会骗人。

（唱）福建是个大地方，做田做地并不难；

那因官差难作食，思量再搬去浙江。

三姓子孙实在多，分居景宁共云和；

又分泰顺平阳县，散居丽水各县有。

景宁云和多人丁，官府衙门又欺人；

三姓思量分散住，搬落宜平去安身。

蓝雷钟姓出广东，后来孙子四处分；

今下山客隔州县，唱出歌言一样同。

（七）畲族的语言不能丢，畲歌要用畲语唱

采访者：大妈，今天我们聊聊你的家庭，聊聊你的子女、孙子、重孙，再聊聊你的传唱畲族山歌。你传承的畲族山歌以及畲族的历史风俗习惯等等，我们都可以聊。如果无法用语言来表达，您就用唱，

您的歌很好听，很美很动听，我们大家都很喜欢。我们开始好不好？

蓝陈启：讲得好，讲不好，不要见怪哦，我出生就开始唱山歌，从小就唱歌的，我对很多事情都是通过唱山歌来表达。我的徒弟第一是女儿，第二是孙子，第三是孙媳妇，还有一个是重孙。我都告诉他们，（要把畲歌）学起来要传下去。现在我是老啦，要他们接过去，接班。我妈妈告诉我唱山歌，我就是喜欢唱歌的。我从小唱歌到现在是八十岁了，我还出去唱，只要走得动，唱得动一定要传下去，就这个想法。

采访者：他们现在给您封了一个"畲族歌王"的名头，这个问题您怎么看？

蓝陈启：就是很高兴，很光荣也很自豪喽。歌王是我们县里给我评上去的，又被评为省级民间艺术家，都有证书的，国家级非遗传承人是后来评上去的。

采访者：畲族歌手有很多吗？

蓝陈启：是的，我只是其中喜欢唱的歌手之一。

（唱）山歌好唱又好听，外地贵客喜欢听，学生听到蹦蹦跳，贵客听到高兴笑。

以前我声音又好，大家唱起来很高兴的，还来到我家里看那个照片，比如改革开放三十年的老照片。我从小唱歌唱到老，山歌越唱越心甜，味道很好啊。

采访者：很好，那我问一下，畲族主要有四大姓，盘、蓝、雷、钟，您是姓蓝，蓝天的蓝，您的孙媳妇是姓雷。这四个姓氏是你们景宁最多的。这些姓氏的畲族都讲畲语吗？

蓝陈启：那可不一定。我家的客人很多都姓雷，盘姓我就没怎么听过。有一次我家来了一个客人，我问他姓什么，他说是姓盘的。我问他畲族话，他听不懂，讲不来。我就说："你不是姓盘的，畲族话一定要学起来，才是姓盘的。"姓蓝、雷、钟的客人，每一次到我家来，我都用畲语问他们，有一些讲得来，也有一些讲不来。

讲到这里我插几句话，我家小孩儿从学校回来，我用畲族话问他，小孩儿说："你问什么？我听不懂，奶奶。"这不行，一定要学起来，不学起来，就不是姓蓝姓雷了，一定要学起来，教山歌都是用畲

畲歌要用畲语唱

语唱的。习近平总书记来到我家，就说叫我一定要把畲歌传下去，一定要传下去，但是不会讲畲语，怎么传承畲族山歌呢？小孩子不会讲畲语，你问什么他都听不懂，就是在家里，妈妈爸爸也没有对他讲，这种现象很不好的。我的徒弟说话学歌都是讲畲语的。以前我的重孙，也都讲不来，我就和他说："你一定要讲起来，爸爸妈妈、奶奶姥姥都是姓蓝姓雷，一定要学起来。"还有我的儿子一句话都讲不来，我就要他学起来，现在也学好了，打电话回来都会讲了，我孙子是我儿子带着，我说："你自己姓蓝的，怎么不告诉你儿子学畲语？我慢慢地告诉大家说话学歌用畲语，你也要告诉他。"后来我那个孙子也会讲了，他会用畲语问我："奶奶你吃饭没有？吃饱没有？吃什么菜啊？要吃饱哈。奶奶，我回来过年。"

我想来想去觉得我就是一个农村妇女，只是能够唱唱歌，然后教大家唱唱歌，国家就把我评为国家级非遗代表性传承人，还有那么多的领导来看我，特别是习近平总书记亲自来看望我，有这样的荣誉，我很开心很高兴的，我一定要让身边的人都能用畲语唱畲歌，一定！

采访者：现在年轻人不会说畲语的多不多？

蓝陈启：很多。我们村有很多出去做生意回来了，好多跟我唱歌的，但都讲不大来畲语，我都会教他们，而且用畲族话跟他们讲："一定不要忘记，唱山歌是有出路的，很好的，比如我自己，国家一年有好多补贴费给我呢。畲族的文化就是唱山歌唱出来的，一定要传下去，畲语一定不要忘记。不管你做生意，还是做什么，你一定都要学的。"我都这样对他们说。

采访者：我问一下，为什么畲族山歌一定要用假音唱好听？

蓝陈启：不用假音很累的，有些音唱不上去的。一个人有一个人的声音，好多人不喜欢假音，我现在这种是平音，以前也是唱假音，但我女儿都是唱假音的。

采访者：平音和假音有什么区别？

蓝陈启：假音可以保持声音不变，我以前唱歌用假音，声音都不会变的，就算今天有客人，明天有客人，好几场下来我都差不多，声音都不会变。但现在老了，动了手术声音就变了。

采访者：女的唱跟男的唱的有什么区别？

蓝陈启：这个没什么差别的，男的有好多也是用假音唱，年轻不会吃力，到我这样老了也会吃力。

采访者：现在畲族山歌有两种唱法：一个是假音，一个是平音。就是按自己喜欢的方式唱。

蓝陈启：对，我假音也会唱的，另外有一个片子是假音。

采访者：您用假音唱唱看。

蓝陈启：现在不能用力唱了，筋拉着很痛，现在我只能教唱我的徒弟了。

采访者：我想请教您一个问题，现在的年轻人不喜欢用假声唱法，用真声唱法，也喜欢用普通话唱，对这个问题你怎么看？

蓝陈启：他们年轻人都是用普通话唱的，用普通话唱不像畲族歌，唱畲族歌就是要用畲族话，我就这种想法。

采访者：那您认为用畲族话唱山歌好听还是用普通话唱好听？

蓝陈启：畲族山歌都是用畲语唱的，好多畲族山歌用普通话难改词，好多都转不过来的，转过来了就不好听了，就失去山歌的味道了。现在好多景宁文化局里面的干部，用汉族的语言来唱畲族山歌，唱起来就是不像畲族的山歌，到另外一个方向去了。唱畲歌就是要用畲族话唱，解释可以用普通话解释，我一直就是用畲族话来唱山歌，国家才评了我是正宗的畲族山歌传承人。

采访者：您现在身边的年轻人唱畲族山歌，有用普通话唱的吗？

蓝陈启：这我要从头说起。有一次我到东弄那边去开会，刚刚开始开会，就有中央领导到我家来，小车开到东弄那边了，事前也没有通知我。有人说："奶奶快回去，回家去。"我说："我开会，回去做什么？""你家里有客人。""事先没有通知我，我不知道有客人的。""一定要回，一定要回！"我不知道中央领导过来的。回到家里，领导对我说："奶奶来，坐下去聊天。"给领导泡了茶，领导问我："您唱歌可以唱吧？"前几年我都说可以的，表达都是用山歌的。唱歌唱着，但畲话大家都讲不来，农村好多讲不来。领导告诉我："奶奶您一定要告诉大家学起来，您告诉他们山歌要用畲语来唱，还要大家学畲语，到您家里学。"就这样，把这个任务交给我。我想来想去，畲族最好的就是山歌，但第一还是语言，第二是唱歌，两种不能丢的。

采访者：很好，您刚刚的两点概括得很准确，一个是畲族的语言不能丢，再一个就是畲族山歌不能丢，这是畲族文化的一个特点。

蓝陈启：我家里（以前）全部是畲族，我昨天给你说过，以前的畲族都是住在高山里的，不一样的，汉族都是住在平地。以前的畲族和汉族是不准通婚的，我是干活出身的，（如果）他不是畲族又不会干活，我一定不要嫁他，当时按照习惯我就是要嫁到畲族。现在多好，畲汉是一家，汉族畲族，男的女的，都是一家，我自己家现在就是这样，以前都没有的，现在我自己家也是畲族的一半，汉族的一半。媳妇也是汉族，女婿也是汉族，孙女婿也是汉族，我女儿的公公是汉族，都是一家人，没有分开。

采访者：您这一代畲汉有没有通婚？

蓝陈启：以前我这辈没有，我的老一辈嫁到汉族的也没有，我知道的没有。

采访者：畲汉进行通婚应该说是在您的下一辈开始的。

蓝陈启：是的，我自己姓蓝都要嫁到姓蓝、姓钟的，不嫁到汉族。现在不同，现在一样的，没有分开，都是一家的，这样最好了。

采访者：您有没有听爸爸妈妈说，你们敕木山的男性是从哪里迁过来的？

蓝陈启：我没听我妈妈爸爸说过，但听我爷爷说过，以前聊天的时候，听说我太太公是从广东过来的，就那样子听到我爷爷念叨过，但没听我爸爸说过。

采访者：你们有没有家谱？

蓝陈启：以前是有的，拆迁下来都不知道丢哪里了。我老公的妈妈就是姓钟的，他爸爸姓蓝的。

蓝陈启用畲语传授畲族山歌

（八）听习近平总书记的话，一定要把畲歌传下去

采访者：就是这些歌，包括您前几天唱的这些老歌，您的徒弟他们都会唱吗？

蓝陈启：部分徒弟没学，他们不想学这种，我教过我的女儿，她能唱几首，其他人都不学老歌，现在都编新歌。

采访者：这些老歌，您的徒弟或是您的儿孙辈里头，谁掌握得最多？

蓝陈启：就是我女儿和敕木山的侄孙女，还有几个徒弟她们都会唱老歌，掌握得最好的是我的女儿和几个徒弟，现在我女儿和那几个徒弟都是畲族民歌省级、市级和县级传承人呢。

采访者：现在你们村子里头畲族歌手多不多？好像我昨天晚上看这些唱歌跳舞的都是女的多，男的少。

蓝陈启：男的很少啊，就两个，两个犁田的。男的不喜欢学，都是去玩呀或者干点别的事情。

采访者：哦，不喜欢学，他们喜欢别的东西。

蓝陈启：嗯，但是蓝李平上台唱了好几次了。

采访者：就是您儿子是吧？

黄蕾：不是，蓝李平是孙子。

蓝陈启：孙子会唱嘞。

采访者：他会唱？

蓝陈启：去过好多舞台，现在叫他去，他有时会不想去。

采访者：这个东西您要把他鼓动起来。

蓝陈启：嗯，我也逼他要学习。

采访者：一般就是女同志唱得多，男同志不喜欢唱？

蓝陈启：以前有些女同志都不喜欢，只是干活，看我唱歌有出路，有证书，畲族的文化就是山歌唱出来的，她们也渐渐地喜欢了。我经常跟她们聊天，说大家学唱歌是有出路的，能到舞台上唱歌，有

证书拿来很光荣的，一定要学起来，唱歌就有出路。我经常带大家学，有一个是当会长的，当了18年了，她是汉族，唱畲歌唱得很好，跟我学的。

采访者：她跟你学了多少？

蓝陈启：学了很多首了。

采访者：景宁、丽水，他们搞了几个很大的演出，那些您都参加没有？什么"千年山哈"的？有没有用老歌来唱？

蓝陈启：嗯，我去了，北京都去了。去北京那边演出，有领导到机场接我呢，还有人给我献花。北京演了三次，有一次是"千年山哈"，在北京大剧院演出。很多都是用老歌来演唱的。

采访者：是唱什么歌？

蓝陈启：演出是唱老歌啊，包括《高皇歌》的片段，还有一些故事歌，等等。

采访者：您总共去了几次北京？

蓝陈启：总共去了四次，一次是去旅游，中南海、八达岭、毛主席纪念堂都去过。看到毛主席，我都要哭起来。还看了周恩来总理去世时的照片，我楼上还保留了周总理的蜡像，手筋都看得到，跟他生前一样的。

采访者：旅游是您自费的，还是政府组织去？

蓝陈启：旅游是县里组织去的，唱歌也是县里组织去的。

采访者：出国有几次？国内其他地方也都演过的吧？

蓝陈启：一次。后来叫我去台湾，那时刚刚动过手术，去不了。到杭州第二次动手术那一年，叫我去福建，叫我一定要去，说都喜欢我唱歌，也因为动手术就没有去。

采访者：那您认为老歌能传承下去吗？

蓝陈启：能啊，就是难度大一点，毕竟现在的年轻人不是很爱唱。但我带了很多徒弟能唱，带了很多学校的小朋友都能唱。你看，现在我们县里每年都举办畲族民歌节，我们畲族村每个村每年都会举办畲族盘歌会，还有别的省市（县）的徒弟也经常举办畲族山歌会，我自己外出也经常唱。政府这么重视，畲民这么努力，还有很多的专家学者很用心，畲族山歌就一定能传下去的！

采访者：您说得太好了。您对传承畲族山歌，传承畲族文化，还有一些什么希望，想给我们大家说两句？就是希望我们的畲族民歌今后发展是一个什么状态，有什么希望吗？给我们说两句。

蓝陈启：这个呢，我是讲不好。想来想去，我觉得山歌是畲族人的传家宝，要传下去。以前大家都不唱歌，我这个村的年纪大一点的，就是我会唱，我女儿的公公会唱，年轻点的男的都不会唱了。现在，我看见国家这么重视山歌，习近平总书记这么重视畲族山歌，对畲族人这么尊重，就更下定决心要把山歌传下去了，我想来想去的，尽管我自己老了，但我要尽自己最大的努力，一定要把畲族山歌传下去，传下去对畲族是最好的，全国就一个畲族自治县。另外，我是觉得自己就是一名农村妇女，能成为国家级非物质文化遗产代表性传承人，把畲族山歌唱到国外，名单提到文化部去，我很高兴，很开心，也很有面子。

我跟你说，我一定要听习近平总书记的话，不怕苦，也不怕累，一定要把山歌（传下去），没有什么好挑的，就是心里面很轻松地唱，上舞台去唱，到学校去教，只要走得动我都要唱。我宣传火灾也好，禁毒也好，都是国家大事，叫我去，我累一点都要去。有三件事情，一个是传承山歌，一个是消防宣传，一个是个禁毒宣传，三件都（算）参与国家大事了。另外，我还有一个心愿，就是习近平总书记来到我家看望我，我很高兴，不知道有没有机会再来到我家做一次客，我特别欢迎，来到我家我还唱山歌，专门唱给他听，我这样想。

畲族的山歌是有出路的，畲族文化就在山歌上，我一个字都不认识，我没有文化，就是山歌唱得来，国家就给了我这么多的荣誉，我没有东西可以感谢党！感谢党这么好的政策！感谢习近平总书记！只有把歌唱好并且传承下去，才会觉得安心。我有一个祝福：就是希望习近平主席啊，中央领导啊，县里领导啊，老师啊，工作天天红。我也没有东西可以感谢他们，只能感谢几句话，我就讲到这里。

采访者：嗯，谢谢大妈，我们的采访到今天为止就结束了，谢

谢您，谢谢！

蓝陈启：下次有机会都来啊，反正你们知道我家在哪里，我孙子李平烧菜不好吃，下次再来叫孙媳妇烧给你们吃啊。

采访者：好吃，菜很好吃，特别是豆腐酿好吃。

第四章 周边访谈

一、浙江艺术职业学院教授施王伟访谈：蓝大妈作为畲族民歌的传承人是当之无愧的

时间：2018 年 2 月 2 日

地点：浙江艺术职业学院

采访者：宋卫红（导演）

被采访者：施王伟

采访者：今天是 2018 年 2 月 2 日，我们在浙江省杭州市，浙江艺术职业学院①采访施王伟老师，施老师请您跟我们谈一下蓝陈启老师，以及蓝陈启老师所唱的畲族音乐的情况。

施王伟：嗯，好。畲族是个善歌的民族，日常生活以歌传言，男女相恋以歌为媒，喜庆节日以歌抒怀，丧葬祭祀以歌当哭，每每长夜盘歌通宵达旦，历数夜而不衰。畲族民歌的分类主要有三大类。第一类叫叙事歌，叙事的这种包括像我们唱的一些小说叙事，这一类就是杂歌。还有一类叫吟诗歌，又可以分为三大类：畲族民歌的歌词多为七言五句，七个字为一句，四句或者两句为一条。多条内容或者形式相互关联的成一联。百条以上连接而形成的称作长联歌。"哩""啰""噜"等语音词依附于歌曲的中间或者尾句，整个浙江畲族的畲音乐都是如此，包括福建、浙江、江西、安徽基本上都是这

---

① 浙江艺术职业学院位于浙江省杭州市，是一所由浙江省文化和旅游厅创办的省属全日制高职院校，2012 年 9 月入选浙江省示范性高职院校。

样。所以畲族民间可以说歌不离俗，俗不离歌，每一首畲族民歌，都是依附在民俗之中，就是紧紧地与民间婚俗丧俗等一些礼俗紧密地结合在一起的。在采访蓝陈启的时候，她唱的基本是杂歌、叙事歌，还有仪式歌，歌词也基本上是七言五句。

采访者：畲族民歌的歌词有一种格式非常引人注意，叫三条变，什么叫三条变？您能说一说吗？蓝老师有这样的唱法吗？

施王伟：嗯，好。其实三条变就是同一条歌词，其他词句基本不变，只是把韵脚变换两次，是自一变而三，三条组成一联。比如说畲族民歌《大路平平》，这首歌的第一条歌词是：大路平平好赶马，江水悠悠好烧茶；去时睇人在种树，回转又睇李开花。这个是第一条，然后是这个第二条韵脚变换：大路平平赶马上，江水悠悠好煎糖；去时睇人在种李，回转又睇李花香。这里就转韵了。之前是茶、花，现在糖、香了。第三条韵脚再次转换：大陆平平赶马过，江水悠悠好煎醋；去时睇人在种李，回转又睇花连坡。这个就是很典型的，就叫三条变。蓝陈启前天唱的那个《盘古歌》里头，也是三条变：盘古造天天暗暗，造天造地造起来；没做棉花没做麻，身穿树叶绿堆堆。然后到了第二联：盘古造天苦连连，造天造地做农民；没做棉花没做麻，身穿树叶绿油油。三条变在整个畲族地区很普遍，三条变的三段歌词从词义上各段之间没有太大的变化，基本上是同一个意思的反复。民间之所以有这种形式，主要从音乐歌唱的需要出发。浙江畲族民歌的曲调，一般一个区域通常只有一个基本曲调。不管歌唱地点、歌唱者、歌唱内容、歌唱情绪、形式长短，所不同的主要是歌词，曲调都只是基本曲调的变形。所以像我们在景宁听蓝陈启唱的可以说是几百首，包括在博物馆听到的只有一个基本曲调，但是它的歌词却是千变万化的。

采访者：畲族的演唱是用假声还是真声？蓝老师呢，她是怎么唱的？

施王伟：畲族民歌的演唱方法我刚刚也是讲到了，主要是以假声为主，除了在祭祖或者丧葬唱的是功德歌，和某些老年人他们唱的这个近乎像念词一样的，他们叫成平讲。那个蓝陈启呢她称之为叫作平唱。我们认为，一般老人以及儿童用的是真声，他们都是用的真嗓子，其他的都是用的假声。蓝陈启年轻的时候也是用假声，年纪大了就用平声。虽然蓝陈启年纪这么大了，但依然能唱得这么好听，我觉得很神奇。假声是畲族民歌的一个主要的演唱方法，畲民们认为这种假声很美，所以从他们的美学角度来说，假声他们认为很好听，是很美的。这是我对畲族民歌，主要是浙江畲族民歌的一个粗略的看法。

采访者：刚才您聊到整个浙江畲族民歌的特点。还有包括您也看到了蓝老师她唱的这些歌曲的内容。您觉得像蓝老师这样的，作为一个畲族妇女，她在整个畲族民歌里所掌握的那些内容，基本上都在哪些范围？

施王伟：蓝陈启这个我记录了一下，她唱的其中有两首是叙事歌，一首是《高皇歌》，再一首就是《火烧天》，还唱了她儿时在救木山的时候的一些童谣，比如《蚂蚁歌》《蜻蜓歌》，这些都是老歌。但是蓝陈启她还有一个最大的特点，就是她新编了很多歌，她自己现编了一些跟这个时代、这个新社会、新农村、新形势紧密结合的一些新的畲族民歌。这种杂歌类都是现编的，都是见山唱山，见水唱水，见物唱物，见人唱人，见什么唱什么。蓝陈启她都是即兴编唱的，根据形势需要，比如禁毒、消防，即兴演唱。作为这么一位八十多岁老太太还有这么强的能力，我觉得非常了不起。

采访者：就像您刚才说的在畲族民歌里边，有叙事歌，有杂歌，

蓝陈启（左一）即兴教唱山歌

蓝陈启（中间）参加《千年山哈》演出

有仪式歌。从这个角度来看，蓝老师能掌握的像仪式歌是不是相对弱一些？

　　施王伟：其实是这样的，仪式歌在景宁及其他地区，包括文成、泰顺、龙泉、庆元等地方，仪式歌里需要女的角色还是比较少的，像景宁县的传师学师仪式，就没有女的需要唱仪式歌，只需要一个女的（西王母）坐在那里参与，并不需要唱仪式歌。就是真正的一种丧葬仪式里也都是男的比较多，当然丧葬仪式里面是有女的唱歌的，比如说功德歌，前面蓝大妈说她的妈妈装扮起来唱哀歌就是，但主要还是以男歌手为主，这就是为什么蓝陈启对仪式歌的掌握上会弱一点。女的主要是在一些盘歌里，就是说在婚仪的时候，会出现的比较多，蓝陈启主要是在盘歌里和男歌手进行盘歌对唱，她这种即兴能力很强，年轻时可以唱两天两夜，甚至三天三夜，歌词都不重复！特别棒！

　　采访者：说到这儿，根据听到的这些畲族民歌，它里面有很多关于迁徙的内容，像《高皇歌》里面，或者说《火烧天》，或者说其他的。我看蓝老师总唱那个什么"初朝在广东"。我们可以说畲族是一个刀耕火种或者说是以狩猎为主的民族，在他们的生活中是能看到这一面的。那么在这个过程中，畲族的民歌里面有没有保存它原生态的东西呢？

施王伟：在我们蓝陈启的村子双后降，有一个寺庙里供着一个猎神，其实也就是山神，我曾经听蓝陈启说他们畲族人称为猎神。她说他们这个民族本来就有一个男的出去打猎之前要去敬拜猎神的习俗，告诉猎神我要去打猎了，打猎回来也要敬拜，也就是祈望保佑他们能够打到，而且打来的这个东西也要向山神报告一下。他们本来是靠这个，现在主要靠农耕。所以说在一百年之前他们是一个迁徙民族，游猎民族。

采访者：您觉得蓝老师的演唱风格属于含蓄而内敛的风格吗？

施王伟：是的，所以为什么我讲到畲族民歌基本上都是在室内唱的。比如说我们汉族有很多的劳动号子，犁田的时候，或者搬运的时候都唱得非常高亢的。蓝陈启她们没有劳动号子，她们都是在室内唱的，围着火炉，就这么唱。为什么用假嗓唱？我认为跟她们的民族历史有关系，跟她们的苦难历史有关系，跟她们在深山老林里很谨慎的生活有关系。

采访者：那蓝老师的演唱呢？您对蓝老师有什么评价？

施王伟：对于蓝陈启，我应该去了她家三次了。她给我们的印象

蓝陈启的《千年山哈》奖杯

有这么几个：第一个是，蓝陈启是一个普普通通的畲族妇女，没怎么上过学，也不懂乐谱，但是她的记性非常好，她脑子里的畲歌很多，她可以唱传统的叙事歌，《高皇歌》《火烧天》；可以唱儿时的童谣，《蚂蚁歌》《蜻蜓歌》。还有就是大量的一些新编的畲歌。这是给我的第一个印象。还有是第二个印象，我感觉她即兴编创能力很强，见山唱山、见水唱水，这个应该说也是少数民族的一个演唱的特点，见什么唱什么。第三个是蓝陈启还有一个特点，她很懂得感恩。她知道畲族人民现在过上了好生活，应该是感谢党、感谢国家。所以说你看她积极参加各种各样的公益性的活动，包括成为消防宣传形象大使，禁毒宣传形象大使，她都是很积极地参加。第四个印象是她积极参加了各种各样的演出，不管大演出小演出。她不仅仅在景宁唱还在杭州唱、在北京唱。1994 年，她还把畲族民歌、把景宁调唱到了日本，蓝陈启对于传播畲族民歌起了一个很大的作用。而且她还不停地在教唱，包括她自己的儿子、女儿、孙媳妇，还有最小的应该说是曾孙子了。她到中小学，包括民族中学十几年一直在教唱，她还跑到文成、永嘉，跑到外地，跑到福建去传承、传播畲族民歌，所以说蓝陈启对畲族民歌的传承和发展做出了杰出的贡献。

二、浙江音乐学院副教授吴涤访谈：蓝陈启是子孙后辈学习与追逐的榜样

时间：2018 年 1 月 8 日

地点：浙江音乐学院图书馆

采访者：宋卫红（导演）

被采访者：吴涤（巴特）

采访者：今天是 2018 年 1 月 8 日，我们在浙江音乐学院图书馆采访吴涤老师。吴涤老师您是什么时候认识蓝陈启老师的？

吴涤：认识蓝陈启老师是在 2001 年，当时我也是大学毕业不久，刚分配到浙江工作。我印象非常深，一次学校组织采风活动，我们的老师告诉我，在丽水市景宁畲族自治县有一位畲族民歌歌王，当地人都亲切地称她为"蓝大妈"，说可以去拜访一下。因为我本身就是少数民族，所以我很关注这件事，到现在为止还是记忆犹新。2001 年，

我和同学们一起首次来到中国畲乡景宁，认识了"蓝大妈"，不过当时还只是一面之交。没有想到的是到今天为止，我一直都还在从事着畲族音乐研究，可能那一次与蓝老师的相遇，注定了我们会有更多的缘分继续在一起，也注定我对畲族民歌的热爱。

采访者：您当时是在什么学校？

吴涤：当时我的任职单位是浙江省丽水学院，我是丽水学院艺术学院音乐系的。因为景宁畲族自治县属于丽水市，所以对当地的民族民间音乐调研学习，包括采风都是比较便利。另外，当时的丽水学院对畲族音乐方面比较关注，一直有很多老师在从事这方面的研究。我当时在丽水学院就职，得益于这样一个研究土壤，有更多的机会能够亲近畲歌，能够深入畲乡景宁，能够认识蓝老师，非常高兴，也非常幸运。

采访者：您当时见到蓝陈启时，她唱的就是您后来研究的畲族民歌吗？

吴涤：是的，蓝老师一直都是在演唱和传唱着畲歌，当时我是第一次听说畲族民歌，其实之前没有概念，因为我从来没有接触过这个藏在东南大山当中的古老而神秘的民族，所以对我来说是很有新鲜感的。我也喜欢接触一些新的民族，我之前不知道南方的这种山地游耕民族的山歌是什么样的，直到认识了蓝老师后才逐渐了解并喜爱上畲族民歌。

因为我自己是在草原上长大的，是蒙古族。我从小听得更多的是蒙古长调，跳了很多年蒙古族的安代舞①，听到过蒙古族的赞歌。而在南方大山当中生长的这样一个神奇的民族，他们的民歌是怎么样一种形式？调性是什么样的？调式是什么样的？演唱方式是什么样的？音序是怎么把握的？音色是怎么体现的？这些对于我来说是非常有挑战性的，而且也极具吸引力。

采访者：您接触到畲族民歌以后一直在从事相关的研究，请您跟我们聊一聊，您与蓝陈启、与景宁畲族民歌的接触过程。

---

① 安代舞：安代舞于元朝发祥于科尔沁草原南端的库伦旗。最初是一种用来医病的舞蹈，含有祈求神灵庇护、祛魔消灾的意思，后来才慢慢演变成为表达欢乐情绪的民族民间舞蹈。

吴涤：自 2001 年与蓝老师相识后，就与畲族民歌结缘，我就被蓝老师和畲族民歌所吸引，爱上了这个民族的音乐。身处在民族地区，也是比较有条件从事畲族民歌研究。我自己作为一个从事这方面研究的高校教师，我觉得有责任和义务去进行更多的挖掘和整理工作。从 2001 年开始至今，我一直请教于蓝老师，一直没有离开过畲族民歌，中间主要分为几个阶段。

最早的时候是 2001 年到 2011 年，这十年，我正好在丽水学院任教，没有断过对畲歌的研究。也是在这十年当中，我不断积累学习，并慢慢地去创作了很多以畲族原生态民歌为素材的作品。后来我们也多次到蓝老师的家中请教，还改编创作了很多声部的合唱作品。畲族音乐的合唱作品，参加过很多次比赛，有过很多次对外的交流，得到了业界的一致认可，这就是第一个阶段。我想这也可能是我接触蓝老师，接触畲族民歌，并且认识这个民族的一个过程。第二个阶段是 2011 年到 2014 年，我在景宁畲族自治县的澄照畲族乡挂职两年，担任乡长助理。在这两年当中，我在完成乡政府工作的基础上，利用一切业余时间去走访畲乡，采访畲民，特别是采访蓝老师，去结识大量的像蓝老师一样的民间艺人，向他们请教、学习，和他们一起学唱畲族民歌，了解畲族的文化传统。在这两年期间也和景宁当地的老百姓特别是以蓝大妈为代表的很多从事民间音乐的研究者建立了非常深厚的友谊。第三个阶段就是从 2014 年我挂职结束，回到原来的单位到今天。浙江音乐学院是 2015 年成立的，我也很荣幸能够被选为首批专业教师调入浙江音乐学院。

采访者：我想问一下，所有的畲族民歌都用假音吗？蓝陈启也用假音吗？

吴涤：畲族民歌比较有代表性的一个特点是用假音来演唱，当然除了假音演唱以外，我听蓝老师介绍还有平声唱、念唱等，这要看她想要表达什么样的心情，以及演唱者当时的身体状况。有一次我想听蓝老师演唱假声，大妈说那天身体不舒服，或是感冒了，所以她就没有用那种非常漂亮、具有穿透力的假音来进行交流和展示，而是采用平声调。还有一种类似带有念唱性的，尤其是在一些传统的仪式当中，可能会使用比如说木鱼一类的打击乐。我举个例子，比如说某一段，可以用平声唱，也可以用假音唱，这其实是一个仪式当中的一段音乐，但是如果舞者边舞边唱的话，他整个身体要律动起来，音不会那么稳定，他有的时候可能就是带着一种边舞边唱的感觉，就会用一个平声。如果说是很平静的时候，以合唱团或者众人一起来唱的话，他可能声音会很高，这也是一种情况。再有一种是真正的假音了，那就让人听起来极具穿透力！因为畲族原来是生活在大山里的，山峰和山峰之间还有很远的路程，通过假音演唱，声音的穿透力很强，可以瞬间让更远的地方能听到唱歌者的声音。还有另外一种假音演唱，它可以让人更多地保存体力。比如有时候我们所看到的、听到过的一些畲族民歌演唱，它需要一晚上一晚上地唱，这个可不是一般人吃得消的，所以演唱者也是要有体力的，如果一直用真声唱，可能会受不了，差不多唱五首、十首、五十首、一两百首可能就不行了，身体吃不消了，所以这个时候他可以用假音演唱。他很轻松地就能够做到连续演唱，而不需要中止仪式停下来休息，这也是畲族用假音演唱的一种形式。畲族是一个很含蓄、很平和的民族，比较腼腆，他们不愿意打扰到别人，不愿意去影响到别人，畲民们心地很善良，愿意和其他民族的人们和平相处。也就是说他用这种假音来演唱还可以表达他内心的一种情感，很安静很安详，让人感觉到没有压力，很容易沟通，是一种放松的状态而不是那种强烈的情感冲击，所以说每个民族其实都很有自己的特点。随着畲族音乐，慢慢地走出大山，让全国人民乃至以后让全世界的人民都了解畲族民歌后，人们会从不同的角度，带着善意、积极的心态去理解和认可畲族音乐的。

采访者：您所了解的蓝陈启学歌的经历是什么样的？

吴涤：到今天为止认识蓝老师也有 17 个年头了。我对她的最初了解是：知道她唱的歌家喻户晓，十里八乡都知道她是个歌王。当时我认识蓝老师的时候她还没有被评为国家级非物质文化遗产代表性项目畲族民歌代表性传承人。但是当时她已经是民间所认可的歌王，这是毫无疑问的。后来我在和蓝老师的交流当中，了解到蓝老师其实小的时候家境也不是很好，她是家里比较小的孩子，还有兄长。母亲去田间劳动干农活就会把她背在身上，有的时候她会吵闹，母亲就会给她唱歌，母亲看到某个事物，就把这件东西唱给她听，这时候她就会安静下来。

后来蓝老师自己也会跟着她的长辈去学，长辈教她到一定程度，她成长起来以后，她也一直在教她的孩子、她的孙辈。我了解到蓝老师的整个家族还是传承得相对比较完整的，因为她的子女甚至她的孙辈、包括她现在重孙辈，我记得是四世同堂，都会唱。当然年轻人、小孩子他们现在需要家人的一些引导，要学唱、传承自己本民族的民歌。可是在蓝老师学歌的那个年代，不用刻意地去告诉她，她自己就会去学。我觉得这是当时在一种特定时期人们对于本民族音乐传承的一种热爱和自然的延续。而现在的很多民族民歌的传承，确实不可否认，有的时候是带有一定的要求他们才会学！蓝老师给我的印象很深的就是：她是一个爱心和公益心都很强的老奶奶，据我所了解，蓝老师还受邀担任了浙江省的公益消防宣传大使和禁毒宣传大使。她通过畲族民歌来编词，我记得我还曾经问过蓝老师几首有关于禁毒和消防的畲族民歌，这都是具有时代性，而且是具有正能量的，我个人认为它也是一个新畲族民歌。虽然它的旋律还是传统的，蓝老师还是在一如既往地传承着古老的畲族民歌旋律，但是它的内容已经发生了变化，它的内容不仅仅只是像以前我们所说的就是生活上的传说歌、生活歌、劳动歌、情歌这些，现在它有时代痕迹了，有我们这个时代非常正能量的，像消防宣传、禁毒宣传这些内容了。

蓝老师还连续几年被评为浙江省的禁毒宣传形象大使，还到杭州来领奖，在当地的市县也是非常受到老百姓的热爱。而且她还经常会义务到学校教小朋友们学习畲歌，一句一句地教他们，让他们传承优秀的文化传统。所以我很佩服蓝陈启老师，觉得她是我们从事音乐研究者的榜样。蓝老师今年应该已经虚岁81岁了，她每天还在义务地去做很多这样那样的工作。为了一方平安，去为社会治安出一份力，这个年纪的老奶奶她还有如此责任心，并且这么积极地去做，而且她真的不要任何回报，不是为了什么利益才去做，就是发自内心地希望身边的每个人都注意防火防盗，都能安居乐业，都能邻里和睦相处，然后没有人吸毒，没有人做坏事。我觉得我们这些年轻人一定要向她学习，她是一个非常善良的民间艺人，也是一个特别值得我们尊敬的畲族民歌传承人。

采访者：您知道蓝陈启出过国吗？

吴涤：嗯，我知道的，我没有记错的话，1994年蓝老师是当时把畲族民歌唱到国外的第一人。每次到蓝老师家，她都会拿出一张照片，很自豪地告诉我，她年轻时候受邀代表中国去日本，将畲族民歌唱到了国际上。当时她第一次把这样一个千百年来的原生态畲族民歌在国际舞台上演唱，让更多的人去了解畲族民歌，她确实功不可没。

我是在 2014 年的 7 月份，受邀参加第二届亚洲艺术教育论坛，也是去到了日本，到东京、名古屋、大阪和京都这些城市去进行民族音乐交流。那一次去日本时，我已经完成了三部有关畲族音乐的著作，当时我把我这么多年对畲族民歌的一些心得和感受以及研究成果和国际友人分享和交流的时候，我就想到了蓝老师，我觉得她是第一个把民族音乐带到国际上的人，真正让国外的人了解中国有这么一个神秘的民族，一个如此美丽的民族，他们的民歌也是如此美丽。正因为它不像其他很多少数民族的民歌那么丰富且历史悠久，也没有那么众多的民族人数，所以说它可能慢慢地有些被遗忘掉了。但也正因此它能够保存得相对完整、传承得非常到位，才使得我们能看到原汁原味的一些东西，而且可以通过它的民歌看到 1000 年前或者更早的时候，这个民族当时的面貌。所以我觉得我是一个很幸运的人。

　　同时我还觉得蓝老师是一个对自己的民族自豪感极强的一个老前辈。我举个例子，我和蓝老师接触 17 年了，我每次一有时间，尤其当时我在丽水工作挂职锻炼的时候，我都会去看看蓝大妈，我也会给她拎一些米和油，有的时候会跟大妈合影，我记得有个细节她表现得很可爱，老奶奶每次合完影以后都会叮嘱我，要看照片怎么样，马上就要给她看，现场看了以后如果说这张照片她可能一不小心正好闭眼睛了，或者是光线不好，或者她没有做好表情，大妈马上就会叫我把这张照片删掉重新拍过。我第一次、第二次还没有在意，但是多次以后我突然意识到，蓝老师是一个真正的热爱自己民族的艺人，她不愿意让自己的某一张照片没有拍好，或者是没有更完美地表达畲族人最美的一面，所以她说要把这张删掉，要拍最好的、最满意的照片，这样的话可以让很多人去看到她，她觉得自己也是畲族人民的一个形象代表，一个窗口，如果她形象好、表现得好，可能人们会更多地去了解正面的畲族，如果她这张照片万一闭眼睛了或者衣服褶皱了，人家会不会觉得畲族会有一些不是很严谨之类的。因此我觉得蓝老师责任心极强，从此我只要和蓝老师合影，或者我给蓝老师拍照以后，我会主动地说："蓝大妈，您看一下满不满意，可不可以？"她说这张还满意，我也就很开心。我觉得毫无疑问，蓝老师是一位有着优良品质的民间艺人，这些品质都深深地影响了我。我相比蓝老师是一个晚辈、孙辈了，蓝老师待我就像自己家里人一样，她每次都会说："吴涤老师，你就像我的孙子一样，我家人一样。"还有一个细节，我前段时间有一次去拜访大妈，大妈跟我说了一句话，大妈说："吴涤老师你记不记得咱们俩什么时候有一张照片，什么时候在哪拍的？"我说记得。她说这张照片，会把它放到她们家族的影集里面、相册里面，和其他朋友的不是放在一起。听了她的这句话里，我首先是感动，另外一个我也很感激，因为她教会了我很多。除了畲族民歌、畲族文化、畲族古老的传统习俗这样一些知识以外，她还教会了我很多人生的道理，比如说她的爱心、公益心，做事情要求精益求精，要严谨，等等。另外我作为一个非畲族的畲族文化研究者，很荣幸能够去了解、热爱并深入畲族文化当中。我觉得毫无疑问我必须要静下心来，在原有的这么多前辈的畲族研究成果基础上，更加努力，把畲族文化传承得更远更久更好，这也是我的一个心声。

采访者：您是 2001 年认识蓝陈启，当时她在做什么？

吴涤：蓝老师当时比现在要年轻许多。她当时也是在家里，双后降村。生活当中是普通畲民那种生活状态，会下地干活，会打扫院子。当然当时蓝大妈已经是家喻户晓的一个歌王了，所以她除了日常生活外，还有一定的文化活动。比如县里面，有时是市里面的对于民族音乐的一些研究需要找到她。或者说像我们这些晚辈去拜访她，她都会马上就泡上一碗茶欢迎各位朋友来到家里，然后学唱畲歌，她也会义务地毫无保留地去教大家。有的时候随着季节的不同，她会端上一盘板栗、一盘杨梅干，还有的时候会有番薯干，总之不同的季节大妈会拿出当季的瓜果待客，用她的接客礼仪和这些她认为最珍贵的食物来招待我们！我觉得这种形式挺有意思的，这个过程也很暖心，虽说不是山珍海味，但是已经足够让我们久久难以忘怀了。

采访者：您当时是怎么知道蓝陈启的？

吴涤：我是打听到的，因为我本来就是少数民族，所以我也想了解其他的民族和其他民族民歌的传承者。其实我刚刚到浙江工作的时候有一丝丝的失落，现在我们说起畲族大家都很熟悉了，可是当时大家基本上都不知道畲族。你想想 20 年前的时候，我来到的城市是浙江西南部的中心城市丽水市。当时还不通高速，火车也是要坐很久才能到。曾经很多人会说，丽水在整个浙江地区来说都是比较偏远了。但是当时我的想法跟他们不一样，正因为可能相对来说它比较偏远，交通不是很便利，所以就会有更多的宝贝藏在这里等待发掘。当时我也是急急忙忙地去打听，本地的一些同事和朋友说这里没有什么少数民族，我说我是蒙古族人，当时我不是找畲族，我想找的是蒙古族人，因为这边的蒙古族人很少。他们告诉我说这边没有蒙古族人，基本上没有，但是说好像这边山里面应该有一个民族。当地人他都不是很明确的，他们告诉我好像是有一个叫畲族的民族，于是我就去找，然后慢慢地了解，不断地搜集资料，整理资料，包括图书馆，我都去找。果不其然，我最终可以说是找到了我心目当中的宝，就是畲族民歌和畲族民歌的传承人蓝陈启。我刚才也说过了，在丽水的时候有这么多朋友或者说是老师们帮助，在景宁也有很多民间艺人帮助我，像蓝陈启大妈一样的人，还有很多，因此我觉得要提倡有更多的热爱民族音乐，热爱中国文化传统的师生朋友，跟我一起来把这么美丽的畲族民歌传唱出去，传播下去，传得更远，这是我的一个心声。

采访者：您听过蓝陈启唱的《高皇歌》吗?

吴涤：我听她唱过，只听过一次，因为歌很长，歌词非常多，很难唱，当时也是应邀唱的。当时我问她："大妈你能不能给我唱一段?"因为确实歌词太长了，她只唱了一部分，没有唱完，但是她会一边唱一边跟我讲，就是说畲族的历史，从最早开始，然后一点点告诉我，其实就是相当于从畲族音乐当中可以看到畲族的历史发展。我觉得蓝老师在唱这首歌的时候很自豪，因为她就是畲族的，她在唱自己民族的最传统的一个文化的延续，歌声很美，而且带着自豪。当然这个歌，我听到应该是很早了，那时是刚认识蓝老师不久，当时去了以后就急急忙忙问蓝老师她会唱什么。现在我最起码已经有十年没有听过蓝老师再唱《高皇歌》了，当时她还是可以用假音的，一直用假音给我演唱。现在蓝老师因为年纪大了，身体也不好，不像以前那么健壮了，所以说她现在再唱的话可能需要一个好的体力，而且只能用平声唱了。所以我觉得应该有更多人去学这个东西。不能只靠一个人，因为蓝老师也是很辛苦。如果有可能的话，其实我蛮希望在各方面共同努力下，我们能够开始有民歌传承班。比如说在我们浙江音乐学院，我们也可以开设一个中国畲族民歌传承班、学习班。如果在条件允许的情况下，更多的人一起来做，我们可不可以筹建一个中国畲族音乐博物馆，这样的话就可以把很多濒临灭绝、濒临消失的一些民间珍宝，音乐珍宝，畲族的音乐，一些实物，一些纪念性的东西，把它抓紧时间整理出来，让更多的人去了解畲族音乐，可能会对畲族音乐有更大的推动性。同时我们要允许有不同的声音，不同的意见，大家可以讨论和交流，这样的话可能也会回过头来更好的推动畲族文化的发展，所以希望能够有更多的人一起来做这个事情。

采访者：我看到蓝大妈有一些歌词本像《梁祝》什么的，类似这种叙事功能特别强的歌词本，您觉得蓝陈启对这方面掌握的和了解的东西多吗？

吴涤：您刚才说的《梁祝》我也看过，这也是蓝老师很早的时候给我看过的她的一个手抄本，我们称之为畲族歌本了，一代代传下来的。她也告诉我，她说《梁祝》的歌词她基本都看过，我当时也是基本通读，看一下歌词，看得懂。我当时更关注的是她演唱的内容，因为我所了解到的是歌词可能会有不同的版本，但是它的旋律是不变的，我急于想要找到不是同样一个旋律线的一个旋律，但是这一点还是让我觉得稍微有点小遗憾，因为听到的很多都是一样的旋律，只不过歌词变了。《梁祝》我看过歌谱，后来我回去还用电脑把谱子打印出来，至今还放着，那是很久以前的事了。而且蓝老师也不是任何时候都会把一些压箱底的歌本、照片，一些重要的资料，随随便便给大家看，她是当成宝贝一样的。所以我觉得我当时能看到蓝老师收藏的畲歌版的《梁祝》已经很幸运了，畲歌版的民歌《梁祝》很长，有点像《高皇歌》，这种歌词非常多。然后有的带有叙述功能的就是一定是要有观众的，所以它在叙事里边其实是存在表演的。这一点我实事求是，我没有看到过蓝老师演唱过，但是她有这个歌本。也许蓝老师一定要让更多的人去到现场她才会唱，她其实是很熟悉《梁祝》的，她又结合了自己的这种畲族民歌演唱的一些特点，包括衬词的运用，最后改编出来一个带有《梁祝》的作品的歌词，即便这样，我觉得这也是非常了不起的，要知道蓝老师是没有上过学的。

采访者：您说您认识蓝陈启的时候，她刚好在村子里做过带着大家把畲族的这种婚俗仪式，甚至包括畲族民歌表演几年的这种公益性的事情，等于说这几年您没赶上？

吴涤：蓝老师现在是年纪大了，另外一个现在畲族民歌的传承，其实还有一个现象，就是说也会结合当地的一些旅游开发，一些表演形式来进行一些传承，当然这也是一种传承的方式。蓝老师曾经建议，就是说这种传承一定是要在真正把畲族民歌不变形地保留下来的前提下进行，当然可以加一些舞台化的剧情，但是畲族民歌一定要用畲语唱、要用假音，要把千百年来留下来的含有丰富畲族元素的东西给人家看。确实是这样，一个地方可能会通过旅游来吸引到很多的外来的，对此地并不了解的一些客人，所以我觉得蓝老师说的特别对，通过旅游来传承和展示本民族优秀的文化传统，这毫无疑问是可行的，但前提是要从一个真正传承的角度出发，而不是用其他的方式为了迎合一些游客或其他方面的需要，这样做可能就会使得原有的畲族文化有所变形或流失。

采访者：你跟蓝陈启交往的过程中，她有跟你聊过这些吗？

吴涤：蓝老师有一个特点，对于帮助过她的人，她会永远记在心上，并且加倍地奉还，我觉得这一点可能是畲族人民的一种民族性。他们非常热情，非常淳朴，非常善良，知恩图报，而且没有任何的这种功利心。所以直到现在，我都觉得非常感谢蓝老师，《畲歌如画》浙江畲族风格合唱组曲是在去年的 10 月份，我原计划是 10 月 18 日作品集由上海音乐出版社出版，并且同名的专场音乐会在我们浙江音乐学院音乐厅举行全国首演。我当时没有想到要给蓝老师打电话，后来我觉得这要和她汇报一下，因为这可以说是畲族音乐这一领域当中的一件相对比较重要的事情，也是我多年的心血积累，有这么多人的帮助、关注和支持，所以我觉得应该向老前辈做个汇报。当时也抱着试试的这种心情，我说之前教过我这么多年的畲族民歌，然后我自己也不断地学习，现在有了一个阶段性的总结成果，不知道有没有时间方便不方便，身体允许不允许，能够来到我们浙江音乐学院，来到杭州看一看畲族民歌的表演。看看她认识的小伙子，经过了快 20 年的研究和整理创作，今天他做得怎么样。她当时身体也不是很好，80 岁的年纪了，最后蓝老师还是亲自给我打来电话，她说："吴涤老师，我去你的音乐会，这是一件非常开心的事，我怎么能不到呢？一定要给你加油。"我当时听到以后啥也别说了，就好好干，反正不能让蓝老师失望，要以蓝老师为榜样好好研究畲族民歌。10 月 18 日也非常巧，正是我们伟大的中国共产党十九大召开的日子，然后当天我们在浙江音乐学院进行全国首演，这也是 2017 年浙江音乐学院纪念十九大胜利召开系列音乐会当中的最主要的一个环节，这个时间段也是非常不容易碰到的。蓝老师当天不仅来了，而且还登台在舞台上面唱了一段庆祝十九大胜利召开的畲族歌，我很感动。所以作为我们来说，也要向蓝老师学习这种品质，要与人为善，要知恩图报，做人要善良。我想我们更多地应该去用实际行动来向蓝老师做一个回报。

采访者：**当时大妈看完、听完你的音乐会以后是什么看法？**

吴涤：当时看完音乐会以后我就问了蓝老师，我说："蓝大妈您看，您有什么建议和意见？您满意吗？"蓝老师当时直接抱着我，抱完以后给我做了一个"兄夫给力"，这是畲族的一个至高无上的礼仪，就是幸福吉祥。她说"谢谢你"，我觉得谢谢太重了，我说"过了"，我只是众多一起为畲族音乐努力的成员之一，所以我只是很荣幸能够代替大家接受蓝老师的这个感谢。我觉得蓝老师一生给我们带来这么多的正能量，她80岁高龄还在不断的关心和支持我们这些小辈，太多的无以言表。所以以蓝老师为榜样传承好畲歌，做好这一件事，就是我发自内心的一个愿望。

三、景宁畲族自治县文物和非遗保护中心主任项莉芳访谈：蓝陈启和畲族民歌的成就与被成就

时间：2018年1月4日

地点：浙江省丽水市景宁畲族自治县文物和非遗保护中心

采访者：**宋卫红（导演）**

被采访者：**项莉芳**

采访者：**今天是2018年1月4日，我们在丽水市的景宁畲族自治县非遗中心进行周边访谈，采访的对象为景宁畲族自治县文物和非遗保护中心主任项莉芳。项主任，您好，首先请您给我们讲一讲目前畲族民歌的概况。**

项莉芳：好，大家都知道，我们畲族是一个"歌"的民族，在我们畲族的群体中，大部分人都会唱。畲族民歌是畲族的传家宝，畲族人民以歌代言，以歌抒情，甚至在红白喜事上也都是以歌寄情。

采访者：**为什么畲族民歌会在畲族文化的保护传承过程中有这么重要的意义呢？畲族民歌又是从什么时候开始有的呢？**

项莉芳：其实畲族民歌最早的时候并不叫民歌，畲族人称为畲族歌言，但在千百年的传承中慢慢地被称为畲族民歌，它跟畲族的民族

历史一样古老，我们之前也查过与畲族相关的一些古老的书籍，它的历史是可以以歌为证的。畲歌是这样唱的："水连云来云连天，畲家唱歌几千年；畲歌世上传家宝，千古万年是畲人。"这首歌从一定程度上佐证了自从有了畲族，就有畲歌，也就是说畲歌和畲族是一样的古老。

采访者：所以蓝陈启老师这样的国家级民歌手就是这样涌现出来的吧？

项莉芳：畲族民歌手浩如烟海，人才辈出，这一次的采访对象蓝陈启大妈便是其中的佼佼者，她虽然没有上学读书，但是唱起畲歌来却能够脱口而出，她的畲族民歌几乎可以做到怎么想就怎么唱。这虽然跟她从小就生活在大家都唱畲歌的环境中，自己也喜爱唱畲歌息息相关，但更重要的是党中央、习近平总书记和历任省委书记等中央、省、市、县领导及各级文化部门对畲族民歌的重视慢慢地培养了她，加上在一些畲族重要的场合，甚至节假日里大家都要唱畲歌，这些场景也使她耳濡目染。虽然她一个字都不认识，但是她的歌却慢慢地唱得越来越好，渐渐地成为畲乡的民歌王。

项莉芳采访国家级非物质文化遗产代表性传承人蓝陈启

采访者：您是什么时候认识蓝老师的？

项莉芳：其实认识蓝老师是很早的事情，有近 30 年了，1994 年我还是个小姑娘，在文化馆上班，当时蓝老师就经常代表我们县去各地演出唱山歌，我就很羡慕，觉得大妈好了不起啊，没上过学还能自编自唱，竟然能够到各地代表畲族唱畲族山歌，为畲乡人民争光。

采访者：那后来您是怎么跟大妈进一步结缘的？

项莉芳：后来我从文化馆调到原来的文化局办公室，经常会有慕名到景宁来拜访蓝老师的领导和客人，那时还没有非遗中心，也没有传承人一说，我们文化局办公室就会经常联系蓝老师。记得当时蓝老师在双后降村组建了景宁第一支畲族婚俗表演队，这也是文化与旅游相结合的雏形。我们会带着景宁的领导和客人体验传统的畲族婚俗，我还曾被拉进去当过赤娘呢。记得 2000 年浙江省和杭州市的作家协会的 50 余位作家来到双后降村开展与畲民"心连心"活动，蓝老师与年纪相近的作家、艺术家相认了"兄弟""姐妹"，与年纪轻的认下了"干儿""干女"，带他们回家一起吃一起住，亲密得难舍难分。当时的浙江省作家协会主席、小说家叶文玲为蓝陈启写下了"您是畲乡

蓝陈启（中）和采访者项莉芳（左一）、蓝陈启的徒弟（儿子）

人民优秀的代表"的留言。时任绍兴县文联主席、小说家、剧作家王云根以《我的畲族阿娘》为题，记叙了在畲乡与畲民三日的经过，蓝陈启有幸成为他作品里"阿娘"的原型。我就是那时候与大妈真正地结缘。

采访者：您那么早就认识蓝陈启了，那您觉得是什么原因让她努力地传承畲族民歌，并一直坚持不懈？

项莉芳：嗯，是啊，我认识蓝老师很早，从蓝老师为村里自办畲族婚俗体验起就认识她了，一开始她只是喜欢唱山歌，但蓝老师是怎样从自发喜欢唱山歌到自觉传承山歌的呢？她经常会到我办公室来跟我聊天，她说："项主任，如果我不是唱歌的，如果没有习近平总书记对我的关怀和叮嘱，没有国家的好政策，没有各级领导和文化部门对我的鼓励，我一个在田里劳动的农村妇女，一个字都不认识，什么文化都没有，我怎么可能得到大家的认同，受到这么多的尊敬呢？我真的特别感恩，我真的要好好唱歌，好好传承！"

确实是这样，在我跟蓝老师交往的 30 年来，我见证了蓝老师从对畲族山歌单纯的喜爱到热爱，到自觉地传承它的过程。蓝老师经常跟我提起印象至深的是习近平总书记去看望她。2002 年 11 月下旬习近平总书记任浙江省委书记没多久，就到浙江省丽水市调研，特别重点关注了丽水市的景宁畲族自治县，这跟习近平总书记在福建省宁德地区工作时对畲族同胞的关心和对畲族文化保护传承工作的重视是分不开的。当时，习近平总书记来到景宁后，就到双后降村，到了蓝老师家里看望她，拉着她的手问长问短，关怀备至，又再三叮嘱蓝老师要好好地把畲族民歌传承下去。可见当年习近平总书记就非常关注文化的保护和传承，包括畲族的传统文化，所以说蓝老师久久不能忘怀，一直都记在心上。她还给我看当时习近平总书记来到家里和她的一些照片和视频，现在来说这些也是非常珍贵的东西，蓝老师都是当作传家宝一样地好好保存着，经常擦照片，保护得非常好，而且也不是谁都能看的，她把这些当作自己真正的宝贝，所以我很荣幸有时候能看到这样一些重要的、关于蓝老师的艺术成就和艺术活动的照片。后来很多国家、省的各级领导也都很关心蓝老师，据蓝老师跟我介绍，包括浙江原省委书记张德江同志、赵洪祝同志、夏宝龙同志，毛主席的儿媳妇邵华同志等。省市各级领导都会时不时去景宁调研走访，就会去双后降村看一下畲族人民的"蓝大妈"，慰问并且关心她

时任浙江省文化厅非遗处处长王淼（右一）看望蓝陈启

的生活。

所以我觉得是党的政策和国家领导人对大妈的认同、鼓励和殷殷期望对蓝大妈自觉传承畲族民歌起着关键的推动作用。您看，一开始大妈只是教教自己的孩子唱唱畲族山歌，后来，她牢记习近平总书记的嘱托，通过到学校教孩子们唱山歌，还到外省、外市、外县去传教畲歌，担任禁毒形象大使编唱禁毒山歌，担任消防宣传形象大使用山歌的形式教学生，参加全国少数民族会演唱畲歌，用畲族山歌向全省人民拜年，所以才收获了满满的荣誉，反过来更加的促进了蓝老师传承畲歌的决心和信心。

此后，蓝老师对于畲族的文化传承有了新的认识，畲族民歌保护和传承也给她的生活带来了前所未有的变化，她渐渐地从一开始那种无意识的，纯粹发自内心喜爱的传唱，变成了一种有意识地传承。因此她在自己所居的双后降村（又名双后岗村）组建了一支山歌队，同时也组建了景宁第一支村级的婚俗表演队，以唱山歌的形式开展畲族婚俗的表演，大妈自己也是迎亲队伍中的一员，在这过程中，她的歌越来越得到大家的认可，从此她便更加一发不可收地爱上畲族民歌，民歌也慢慢地成为她生活中的重要组成部分。不仅她自己担任队长，她的徒子徒孙，甚至她的儿子、儿媳、孙媳妇都加入了队伍之中。她希望在传唱的过程中，大家能够把畲族民歌传承下去。大妈跟我们讲，会牢记习近平总书记的教诲，趁着她年轻，还能做一些事情，怕以后年纪大了，会有一些活动渐渐地力不从心。因此，她年轻的时候觉得自己还可以干很多的事情，就组建了山歌队，想让外地来我们畲乡观看畲族风情的游客、领导们能够亲身体验到畲歌的魅力。因为畲歌跟我们畲族历史一样古老，和我们畲族的生活习俗息息相关，只要有畲民，就有畲歌。

采访者：您对蓝陈启在传承畲歌的过程中印象最深的是什么事情？

项莉芳：在我跟蓝老师相处的那些日子里，我印象最深的是她在做事和传承畲族民歌时的认真负责的态度。我记得是2013年底至2014年初，为贯彻落实党的十八大和十八届三中全会精神，增强人民群众文化自信和文化自觉，促进优秀传统文化传承传播，推进浙江省非物质文化遗产事业发展，建设物质富裕、精神富有的现代化浙江，浙江省文化厅、省广电集团共同举办"'非遗之光'浙江省非物质文化遗产电视春节晚会"。当时我接到省文化厅非遗处的电话，说要邀请景宁畲族民歌的国家级传承人蓝陈启去参加拍摄，我第一时间打电话给蓝老师，蓝老师一接到电话，马上赶到我办公室，问我相关的情况，一听说是要拍摄非遗春节晚会，面向全省人民播出，大妈很认真，她说："项主任，这么短的时间，我还没想好要准备什么歌，歌词的内容怎么编写，穿什么衣服，头饰的颜色用什么，样式是用老的，还是用新的？你一定要帮我把把关，决不能给我们景宁丢脸呢。"我当时听了很感动，我说："大妈，没事的，您到国外不是有很成功的演出吗，平时您又经常到各大舞台去演出，肯定没问题。"大妈说那是年轻时候的事了，现在年纪大了，怕临场发挥不好。2014年1月18日晚上，大妈在去节目录制现场之前，再三地检查要带的物品，畲衣、头饰、发髻、拦腰、绣花鞋，反复地练习要唱的畲歌，再三叮嘱我一定要当她的镜子，帮她整理好衣物，帮她整理好发髻，要整整齐齐地去，我也很认真地答应了，陪同蓝大妈到了浙江广电集团800平方米演播厅中，大妈信心满满，用畲语唱出心中的歌：畲族人民给全省人民拜年，祝全省人民幸福安康！……把畲族人民心中美好的愿望在浙江非遗春晚上淋漓尽致地表现出来。

蓝陈启（左一）参加2014年浙江非遗春晚

蓝陈启（右七）参加2015年非遗小镇 非遗春晚

　　还有一件事情我印象特别深刻。2005年5月，时任浙江省委书记习近平对非遗保护工作作出5次重要批示，为总结回顾习近平总书记重要批示十年历程，浙江省文化厅研究决定召开学习实践习近平总书记浙江非遗保护重要批示十周年座谈会，景宁非遗中心作为参会单位和蓝陈启个人有幸受邀参加，2015年5月，浙江省文化厅发出预备通知，我和蓝老师接到通知后，就早早开始着手准备，蓝老师专

蓝陈启作为浙江代表团一员参加第四届全国少数民族文艺会演

门地做了一套新的畲族服饰，非遗中心组织工作人员认真学习了习近平总书记的批示精神，认真准备好心得和学习实践体会，蓝老师还专门编写了两首畲族新歌来表达对习近平总书记的爱戴。2015 年 5 月 29 日，在浙江美术馆 1 楼多功能厅我和大妈参加了"中国梦·非遗梦"为主题的学习实践习近平总书记浙江非遗保护重要批示十周年座谈会，大妈现场唱了那两首畲族山歌来表达内心的情感。第一首是："党的政策真英明，中国出了个习近平，来到畲乡来我家，我看照片想书记。"第二首是："习总书记来我家，带来关怀带来爱，我要牢记主席话，带领畲民共致富。"大家听了这两首畲歌后，现场响起了久久不息的掌声。

采访者：蓝老师出名后还会去参加活动或者比赛吗？

项莉芳：畲族民歌是景宁的国家级非遗项目，蓝陈启是国家级传承人，又是我们畲乡的歌王，加上她从不推卸民歌传承的责任，自然所有大型的活动或者比赛都少不了蓝大妈歌唱的身影。上面我已经说了，除了我们县里每年的大型畲乡三月三活动大妈一定参加外，她还参加很多的公益活动和全国少数民族会演。

作为义务消防志愿者，蓝大妈编了无数的山歌，几年如一日，在县城、乡村用山歌的形式进行宣传，为此还被评为全国 119 消防奖先进个人，晋京领奖。2009 年 1 月，蓝老师被一致推举为老年夕阳红消防志愿者服务队队长。自此以后，乡间地头总是能看到她宣传消防常识的身影。她还主动地承担起了村里的义务消防宣传员，每年都要向村民送去消防宣传单、宣传手册等宣传资料。当全国都在开展"清剿火患"战役时，当地消防部门把这件事告诉了蓝老师，她当即就决定要为"清剿火患"活动专门编一首山歌。更让消防队员不可思议的是，一首娓娓动听的《清剿火患歌》随着蓝老师的手势就唱起来。如今，蓝老师总是为来村参观的游客唱《清剿火患歌》，讲消防故事。在田间地头，她自编的《清剿火患歌》也影响着每一个畲乡人，让所有人都感觉到消防的存在和防火的重要。今年，一身畲族传统服装的蓝老师来到了景宁畲族民族小学，一曲畲族消防山歌《清剿火患歌》让几百位小学生听得如痴如醉。而在随后的发放消防宣传资料时，蓝老师手中的上百份资料也被一抢而空。蓝老师说，自从参加老年消防志愿者服务队以来，她一共参加消防宣传200多次，发放宣传资料几万份，听过她的原创消防山歌的人更是数不清。

蓝陈启是我们畲乡最美的禁毒形象大使，为了宣传毒品对人的危害，她挨家挨户的上门宣传，还编了禁毒歌进到各中小学校去教唱，被评为省、市、县最美禁毒人。

2012年蓝老师不辞辛苦地参与畲族优秀非遗剧目《千年山哈》的排练，代表浙江省参加第四届全国少数民族文艺会演，当时已经75岁的蓝老师虽然没读过多少书，但用畲族山歌表达情意时，总能现编现唱。在剧中，蓝老师除了参与《耕山》篇章中"畲家问歌"的演出，还担任向嘉宾敬茶的重要角色。但是随着演出日子的临近，她的腿病却严重起来，这可让蓝老师急得直唱畲族山歌，把山歌当成了治疗腿病的灵丹妙药。"只要一唱山歌，什么烦恼、不高兴、疼痛全都没有了！"蓝老师说。2012年6月26日一大早，在北京排练的蓝陈启就和编剧以及其他两位畲族歌手一起到中国国际广播电台录制了

蓝陈启（右一）参演《千年山哈》，代表浙江省参加第四届全国少数民族文艺会演

蓝陈启（第二排左八）参加《千年山哈》演出

一档少数民族音乐节目《民乐逍遥游》，兴奋的蓝陈启又高兴地唱了起来："改革开放 30 年，新的时代政策甜；从小唱歌唱到老，山歌越唱心越甜。"蓝老师说，自己喜欢编唱歌颂党的政策的山歌，因为党的好政策让畲族人民过上了好日子……2012 年 7 月 6 日，蓝老师参加的《千年山哈》，代表浙江省在北京梅兰芳大剧院举行的第四届全国少数民族文艺会演，得到评委和观众的认可，荣获第四届全国少数民族文艺会演剧目表演金奖。同年 10 月，《千年山哈》在浙江省人民大会堂参加了浙江省庆祝党的十八大召开优秀剧目展演暨向省委、省政府汇报演出，蓝陈启参加演出并获得普遍赞誉，得到了时任省委书记赵洪祝的称赞；之后，《千年山哈》获得浙江省第十一届精神文明建设"五个一工程"入选作品奖。

采访者：听您讲了这么多，真的让人对蓝陈启肃然起敬。我还想问一下，您知道蓝陈启有很多徒弟吗？她除了用畲族山歌参加各种活动、比赛和公益事业，她主要的传承方式是什么？

项莉芳：大家都知道，畲民族在日常生活中，比如说上山劳动、平时做家务、采茶叶，特别是婚礼这样参与性广、受众性大的场合上，民歌都起到了不可或缺的传承畲族文化的作用。因此，畲民对畲族民歌有着一种天然的情愫，会有很多的畲民自觉地想要学唱畲族民歌，蓝老师就利用自家的庭院，组织大家一起来学唱山歌，她把自己的房间空出来作为畲歌传承工作室，在中堂摆放桌子和很多的板凳，把工作室取名为"天籁居"，每逢节假日、农闲日、民俗节日，大家从四面八方赶过来，集中在蓝陈启家，她就指挥大家用各种形式学唱山歌。

　　蓝陈启几十年如一日在做的一件事情是到县城的各所学校教唱畲族山歌，有景宁中学、民族中学、民族小学、实验一小、实验二小，甚至乡下的比如英川镇的英华实验学校去教畲族民歌。当然，我们非遗中心也努力为像蓝陈启这样的传承者提供更多更好的平台，我们经常性地举办集体收徒拜师仪式。蓝老师特别的认真，也特别的用心，她叫来她的徒弟们，一遍一遍地排练，配合非遗中心举办这样类似的活动，力求整个气氛庄重，让人肃然起敬。通过这些年的努力，现在每一个畲族村落里至少有一到两支畲族山歌队，每支畲歌队拉出来就能唱，各个民族村也会自发地在三月三举行畲族盘歌会，通过各种各样的形式把畲歌传承下去。在我们畲乡，蓝陈启是国家级的传承

蓝陈启参加第四届全国少数民族文艺会演集体照（第三排左十一）

蓝陈启（右二）参加浙江省非遗十年座谈会

人，她的徒弟是省级传承人、市级传承人和县级传承人，我们畲歌的队伍，遍布了全县的畲族村、民族村，我相信通过像蓝陈启这样的传承人努力传承，集众人的智慧，我们的畲族民歌一定会发展得越来越好。

采访者：按照您这么说，是畲族民歌给蓝陈启带来了荣誉、幸福和归属感？

项莉芳：可以这么说，但反过来，蓝陈启也为畲族民歌的保护与传承做出了不可磨灭的贡献。她是一个很执着的传承者，她就像活跃在畲乡的其他能工巧匠以及广大传承人群一样，掌握着千百年来流传于畲族的记忆，自觉地承继着一代又一代畲民对畲族文化的热爱、敬畏和坚守。她牢记总书记的嘱托，把畲族民歌看成是自己生命的最高价值和生存意义，所以，她不论什么样的场合都会特别认真地去传承。我们在很多的畲族活动中都会进行畲族民歌的表演，比如畲族的三月三，在畲乡都会举行盛大的庆祝活动，到目前为止，我们景宁县的畲族三月三活动已经举办了近 20 年。在这个活动上，畲族民歌是必不可少的，蓝大妈也是每场必到的，她会带着她的徒弟，精心编排，用独唱、合唱、对唱、重唱、小组唱、表演唱等形式，在舞台上把我们的畲族民歌展示出来，使得我们整个畲乡成了畲歌的海洋，让畲歌无处不在。三月三那几天畲歌就像空气一样，无处不在，无时不在，你到哪儿都能看到畲歌的表演。现在已是耄耋之年的蓝陈启，还在她自己的村里参加每年的乡村村晚，带着她的徒弟们一展歌喉。

所以说，因为畲族的山歌，蓝陈启有机会向世界展示自己，实现自我价值，畲歌使她从最初的懵懂无知状态到后来建立起了坚定的畲民族文化自信。因为以蓝陈启为代表的传承者的执着、热爱和努力，畲族民歌才从一开始不为人知的小山区登上世界的大舞台，成为众所周知和认可的民族文化。因此，蓝陈启在非遗的传承和弘扬方面做出了值得骄傲的成绩，是值得我们十分尊重的传承者，是畲乡文化根脉的守护者，是传承和弘扬优秀传统文化的志愿者，是她传承了畲族民歌，同时畲族民歌也成就了她。

四、蓝陈启徒弟、孙媳雷汤菊：我的祖母就是教我唱歌的师傅

时间：2018 年 1 月 4 日

地点：浙江省丽水市景宁畲族自治县鹤溪街道双后降村

访谈人：项莉芳（景宁畲族自治县文物和非遗保护中心主任，浙江省第十四次党代会党代表，浙江省文化厅优秀专家）

被采访者：雷汤菊（蓝陈启徒弟）

采访者：汤菊，您好！很感谢我们每一次来您都给我们当翻译，也给予我们最大的帮助。今天，我想专门采访一下您，请问您和老师是什么关系？

雷汤菊：项主任好！不用感谢的，我很高兴能有机会参与到畲族民歌传承的事业中来。我和老师是双重关系，我既是她的孙媳妇，也是她手把手教出来的徒弟。

采访者：那您是什么时候开始跟老师学习畲族民歌的？或者说您是什么时候开始接触畲族民歌的？

雷汤菊：我是畲族人，从小就经常听村里、家里的老人唱山歌。但真正接触、理解并开始学畲族山歌，是缘于我的祖母，也就是您所说的蓝老师。那是 2012 年，我刚刚与我的爱人结婚，我的祖母已经是畲乡的歌王，慕名到我们双后降来参观和旅游的客人很多。那时候我的祖母还比较年轻，精神非常好，也很热情，而我刚刚怀孕，就经常到祖母家听她唱山歌，陪同她一起接待来我们村的领导、游客或者

新闻媒体记者，由于我的祖母没有上过学，所以新闻媒体记者来采访的时候，很多话她听得不太明白，而畲族山歌是用畲语唱的，领导、游客或者新闻媒体记者也听不懂，必须要有人来当翻译，那时候我就充当了双方的翻译，也就是从那个时候开始，我就慢慢地接触了畲族山歌，从而也开始理解我们自己的民族文化并有了兴趣，而我的祖母也鼓励我说，要把畲族山歌学起来，并且一定要传承下去！

采访者：汤菊，我想问一下您在跟您的祖母，也就是您的师傅学习畲族民歌，或者说是去参加演出畲族民歌的时候，您记得最清楚的是哪一件事情？

雷汤菊：我记得最清楚的一件事情就是陪着我的祖母到北京去参加领奖。2018 年，我的祖母被应急管理部授予第四届全国 119 消防奖先进个人，当时应急管理部通知我的祖母到北京去参加领奖，因为考虑到祖母年龄非常大，姑姑也年龄比较大，没有人陪她去领奖，我很不放心，决定要陪她一起去北京领奖。我们是乘坐动车去的，到了嘉兴的时候，我婆婆打电话过来说家里出了一点急事，要我回去处理，我考虑了一下，还是决定陪着我的祖母到北京领奖。到了北京，发现全国各个少数民族代表都来参加颁奖活动了。因为我的祖母非常注意宣传畲族文化，虽然她是年龄最大的代表，但是她也非常注重形象，祖母觉得我们是代表畲族，因此在家里的时候就很认真很仔细地考虑要穿什么样的畲族服装，戴哪一副头饰，要唱什么样的畲族山歌，并且再三地练习。所以，我们到达宾馆时，来看望先进代表的领导们以及许多先进代表都围过来，当然还有很多的游客，我的祖母显然成为与会代表中最亮的星，看到我的祖母虽然年龄很大，但唱起畲族山歌时信心满满、神采奕奕，大家都非常热情地跟她合影，到场

全国 119 消防奖奖章

应急管理部党组书记黄明同志接见第四届全国119消防奖表彰会先进集体先进个人代表
2018年11月7日 大比照片

蓝陈启（第二排左六）被评为第四届全国 119 消防奖先进个人

的领导更是无微不至地关心和关怀，拉着祖母的手问"大妈你的身体怎么样？您这么大年纪了还为消防做贡献，向您学习"。

采访者：好，关于领奖再问一个问题，这个应急管理部授予的第四届全国 119 消防奖先进个人是怎么得到的？消防奖不是应该给消防员吗？

雷汤菊：哦，是这样的。我的祖母是因为用畲族山歌自编自唱消防火患歌，并且作为消防的形象代言人到处去唱山歌宣传，发放消防宣传单从而获得这个奖的。祖母宣传消防可认真了，我曾经上百次的陪同她到学校、社区和农村宣传消防安全和预防知识，并且编了很多的消防山歌到处传唱。最终的评选结果是通过全国网络投票和评委评审相结合产生的。我们从北京领奖回来，消防这条线上的领导专门为我们安排好行程，回来的一路上都受到特别隆重的接待和尊敬。从北京到杭州，从杭州到丽水，都有当地的消防总队的车子来接我们，并且用消防队员特有的方式来列队欢迎我们，还送我们回到家中。祖母和我都非常激动和感动，祖母语重心长地跟我说："你看我们只是做了一些应该做的事情，国家就这么重视，也给我们这么多的尊敬和荣誉，同时你自己也是畲族人，传承畲族文化也是你的使命，你可要好好地学习畲语、学习畲族山歌，并且教给你的儿子、孙子，一代代传下去。"

采访者：那您祖母是用什么样的一个方式来教徒弟们唱歌的？即兴唱的歌词都留下来了吗？

雷汤菊：是这样的，应该说是十几年前，那时候祖母还比较年轻，我和我的师姐们基本上是她教一句我们唱一句，那时候的我还不怎么会唱，虽然说我是畲族人，也能说畲语，但是用山歌的形式来直接唱歌还是有点难度的，所以那时候我会的大部分的歌是祖母编的，虽然祖母没有怎么上过学，她一个字都不认识，但是她的记忆力非常惊人，并且她那种即兴唱歌的能力也是非常好的，基本上是看到什么就能唱什么。比如说有领导或者客人到我们村里来，我的祖母看到了领导或客人来，或者是看到了有人敬茶，她就即兴唱，但是因为这个歌词是即兴创作的，歌词往往都不一样，时间一长就忘了，祖母和我商量后，决定由我把歌词记下来，我再唱一遍的时候跟祖母进行核对，然后把这个歌词给留下来，这样的话我跟我的祖母就一起慢慢地更加融合进畲族山歌，而我的即兴唱山歌的能力也明显提高，对传承畲族山歌越来越感兴趣，慢慢的也越来越热爱畲族文化，我也能编一些畲族的山歌了。

采访者：好的，非常好。那么我想问一下现在您祖母年纪这么大了，还继续唱歌吗？还能唱歌吗？

雷汤菊：祖母虽然年纪已经很大，但她实在是热爱畲族山歌，现在每年我们村的乡村春晚上，她还亲自带着我和其他的徒弟登台演唱

蓝陈启与她的学生

山歌。平时若有人请教山歌，她就用平音来教我唱，比如说她想到一曲即兴歌词，可能声音上不去了，因为年龄比较大，有时候是因为身体各方面的原因，她就用平音来唱给我听，然后我就用畲族特有的假音唱出来，祖母听了以后觉得我唱得不对的地方再进行纠正，之后才会教给来学习的人，我们就这样子一来一回地，编唱传承畲族山歌。

采访者：汤菊，您觉得祖母身上哪一点最值得学习？或者说最令你感动？

雷汤菊：我的祖母是我最尊敬的老师和长辈，她一生都对畲族山歌情有独钟，特别热爱，最令我感动的是她经常抛开身体的病痛，忘我地投入工作中的热情和坚守。比如说马上要参加一个县里的活动，她就非常用心，不仅是歌词要反复斟酌，服装也认真挑选，头饰更是用心搭配，都特别仔细，并且反复排练，生怕出一点差错。她一生中取得的荣誉跟这种一丝不苟的态度息息相关。最值得我们学习的是，祖母对来学山歌的学生或者徒弟特别有耐心和爱心，不管是唱得好还是不好，她都慈祥地说，没事没事，我们重新来一遍。有时学校的学生来求教，经常是要利用不上课的时间，也就是午休的时间来，祖母就乐呵呵地放弃午休的时间，备好农家的茶水和糕点来教他们唱山歌。这些年，我跟着祖母学习唱山歌，也从她身上学了很多，我要像我的祖母一样，把畲族山歌的传唱和传承当作今后的一项事业，并且教给我周边的孩子和我自己的孩子，把畲族山歌代代相传。

附 录

一、蓝陈启大事年表

1938 年 1 月	蓝陈启出生于今浙江省景宁畲族自治县敕木山村。
1945 年 3 月	蓝陈启跟着母亲学会人生中的第一首畲族民歌。
1952 年 5 月	蓝陈启参加畲族婚礼的畲族山歌对唱。
1971 年 12 月	蓝陈启在村俱乐部教唱山歌。
1991 年 12 月	蓝陈启参加全县农村社会主义思想教育文艺表演，演出的《大生产》荣获三等奖。
1994 年	蓝陈启参加在日本福井市举办的"日本福井环太平洋国际艺术祭（节）"，并和艺术团成员一起到日本福井、敦贺、大阪等地演出，以原汁原味的畲族古老民歌，倾倒日本观众。
1999 年 10 月	浙江省 50 多位作家到畲乡景宁双后降村开展"畲乡三日"活动，时任绍兴县文联主席、小说家、剧作家王云根以《我的畲族阿娘》为题予以报道。
2001 年 10 月	蓝陈启参加"浙江省暨杭州市首届老年文化艺术周"，获畲族民歌和畲族彩带编织才艺表演制作奖。

2002 年 10 月 14 日	蓝陈启参加丽水市首届老年文化艺术周演出。
2004 年 9 月 25 日	蓝陈启获首届"银龄美大赛"浙江赛区组委会最佳参与奖及"浙江魅力老人"荣誉称号。
2006 年 5 月—7 月	蓝陈启在景宁畲族自治县实验一小传教畲族民歌。
2006 年 6 月	蓝陈启被授予景宁畲族自治县民间艺术家称号。
2006 年 6 月	蓝陈启被授予浙江省民间艺术家称号。
2007 年	蓝陈启参加中华畲族山歌邀请赛。
2007 年 3 月—5 月	蓝陈启在景宁畲族自治县民族中学传教畲族民歌。
2008 年 1 月 11 日	蓝陈启被原浙江省文化厅公布为第一批浙江省非物质文化遗产代表性项目"畲族民歌"代表性传承人。
2008 年 4 月 8 日	蓝陈启带着她的徒弟参加中国畲族民歌节，并获得十大中国畲族民歌王的称号。
2008 年 5 月 6 日	蓝陈启代表景宁畲族自治县民族团结进步先进个人到北京参观学习。

2008 年 9 月	蓝陈启被评为景宁畲族自治县年度老龄工作先进个人。
2008 年 9 月—11 月	蓝陈启在景宁畲族自治县实验二小、民族小学教唱畲族民歌。
2008 年 12 月	蓝陈启被授予景宁畲族自治县从事文化事业奖。
2009 年 1 月	蓝陈启当选为老年夕阳红消防志愿者服务队队长。
2009 年 5 月 26 日	蓝陈启被文化部公布为第三批国家级非物质文化遗产项目"畲族民歌"代表性传承人。
2009 年 6 月	蓝陈启被评为浙江省非物质文化遗产保护十大新闻人物。
2009 年 10 月	蓝陈启被评为景宁畲族自治县老年体育工作先进个人。
2009 年 10 月	蓝陈启被确定为首批浙江省优秀民间文艺人才。
2010 年 6 月 1 日	蓝陈启被聘请为景宁畲族禁毒形象大使。
2011 年 2 月 23 日	蓝陈启参加景宁畲族自治县民族团结大会。
2011 年 4 月	蓝陈启被浙江省公安厅、浙江省综

治办和新华通讯社浙江分社授予浙江省十佳消防志愿者。

2012 年 3 月	蓝陈启被评为丽水市年度消防工作先进个人。
2012 年 3 月	蓝陈启被评为浙江省"清剿火患"战役成绩突出个人。
2012 年 6 月 11 日	蓝陈启参加"处州古韵"诗歌朗诵会，代表景宁唱畲族民歌。
2012 年 6 月	蓝陈启被评为丽水市首届"十大优秀非遗传承人"。
2012 年 6 月 26 日	蓝陈启参加中国国际广播电台录制少数民族音乐节目《民乐逍遥游》。
2012 年 7 月	蓝陈启参与演出的《千年山哈》，代表浙江省参加在北京梅兰芳大剧院举办的第四届全国少数民族文艺会演，得到评委和观众的认可，荣获第四届全国少数民族文艺会演剧目表演金奖。
2012 年 9 月—11 月	蓝陈启在景宁畲族自治县民族小学传唱畲族民歌。
2012 年 10 月 13 日	蓝陈启参与演出的《千年山哈》参加在浙江省人民大会堂举办的浙江

	省庆祝党的十八大召开优秀剧目展演暨向省委、省政府汇报演出，并获得高度赞誉。
2012 年 10 月	蓝陈启参加演出的《千年山哈》获得浙江省第十一届精神文明建设"五个一工程"入选作品奖。
2012 年 12 月	蓝陈启在景宁畲族自治县双后降村办起了畲族婚俗表演队。
2013 年	蓝陈启荣获第二届中华非物质文化遗产传承人薪传奖。
2013 年 4 月 15 日	蓝陈启参加浙江省非遗专家团莅景调研研讨会。
2013 年 10 月 23 日	蓝陈启参加由原浙江省文化厅和浙江省委党校、浙江日报社联合召开的"光荣与梦想"浙江非遗十年座谈会。
2013 年 12 月—2014 年 1 月	蓝陈启参加由原浙江省文化厅和省广电集团共同举办的"非遗之光"浙江省非物质文化遗产电视春节晚会。
2014 年 1 月	蓝陈启被评为景宁畲族自治县文化遗产保护先进工作者。
2014 年 3 月—5 月	蓝陈启在景宁中学教唱畲族民歌。

2014 年 11 月 14 日	蓝陈启参加景宁畲族自治县非物质文化遗产传承人培训班。
2015 年 6 月 16 日	蓝陈启参加由景宁畲族自治县非遗中心举办的集体拜师收徒仪式。
2015 年 12 月	蓝陈启被评为景宁畲族自治县优秀非物质文化遗产项目代表性传承人。
2015 年 12 月 8 日	蓝陈启参加景宁畲族自治县非物质文化遗产传承人培训班。
2015 年 12 月 14 日	蓝陈启参加由原浙江省文化厅和原浙江省旅游局在安吉县龙山文体中心主办的"特色小镇·非遗之光"为主题的浙江省非物质文化遗产电视春节晚会。
2016 年 6 月 27 日	蓝陈启被评为浙江省第二届"最美禁毒人"。
2016 年 12 月 16 日	蓝陈启参加景宁畲族自治县非物质文化遗产传承人培训班。
2017 年 3 月 30 日	蓝陈启荣获景宁畲族自治县"中国好畲娘"称号。
2017 年 10 月	蓝陈启参加在浙江音乐学院举行的《畲歌如画》浙江畲族风格合唱组曲演出。

2017 年 10 月	蓝陈启获景宁畲族自治县非遗传承特别贡献奖。
2018 年 7 月 26 日	蓝陈启作为景宁畲族自治县的传统音乐传承人代表参加丽水市首届传统音乐会的演出。
2018 年 11 月 7 日	蓝陈启被评为第四届"全国 119 消防奖"先进个人。
2019 年 12 月 12 日	蓝陈启参加景宁畲族自治县畲乡政协委员会客厅第三次活动。
2020 年 9 月 10 日	蓝陈启被聘为景宁畲族自治县英华实验学校畲族山歌传承教学教师。
2020 年 9 月—12 月	蓝陈启到景宁畲族自治县英华实验学校教唱畲族民歌。
2020 年 11 月	蓝陈启获景宁畲族自治县非遗传承特别贡献奖。
2021 年 9 月	蓝陈启获国家级非物质文化遗产代表性传承人薪传奖。

蓝陈启（左三）被评为年度"优秀非物质文化遗产项目代表性传承人"

蓝陈启（右四）荣获非遗传承年度特殊贡献奖

二、新闻媒体相关报道

1996 年 2 月 1 日	《人民日报》宣传刊登蓝陈启照片。
2000 年 3 月 31 日	《浙江老年报》宣传报道蓝陈启：《山歌唱出国门》。
2006 年 6 月 18 日	《丽水日报》宣传报道蓝陈启：《畲族山歌进课堂，"乡土文化"有传人》。
2009 年 3 月 31 日	《人民日报》（海外版）宣传报道蓝陈启：《演出民歌》。
2009 年 4 月 28 日	《人民日报》（海外版第 07 版）宣传报道蓝陈启：《景宁听蓝大妈唱歌》。
2010 年 5 月 10 日	《人民公安报》宣传蓝陈启：《七旬畲族老人宣传禁毒》。
2010 年 6 月 1 日	《汕头特区晚报》宣传报道蓝陈启：《畲族歌王变身消防志愿者》。
2011 年 2 月 1 日	《丽水日报》宣传报道蓝陈启：《歌声飘荡迎新春》。
2011 年 11 月 19 日	《处州晚报》宣传报道蓝陈启：《景宁的"蓝大妈"获评"省十佳消防志愿者"》。
2011 年 12 月 2 日	《处州晚报》刊登蓝陈启作词、作曲的《清剿火患歌》。
2011 年 12 月 2 日	《中国民族报》宣传报道蓝陈启：

	《"畲族歌王"用山歌提醒村民"清火患"》。
2012 年 2 月 18 日	新华社专门报道蓝陈启 :《畲族歌王唱安全》。
2012 年 6 月 7 日	《畲乡报》整版专题报道《畲族歌王蓝陈启》。
2012 年 6 月 29 日	《中国民族报》宣传报道蓝陈启 :《编支山歌唱给党听》。
2012 年 7 月 13 日	《浙江日报》宣传报道 :《蓝陈启参加〈千年山哈〉演出》。
2012 年 11 月 9 日	《浙江日报》宣传报道蓝陈启 :《唱支山歌给党听》。
2013 年 7 月 23 日	《处州晚报》宣传报道蓝陈启 :《老调新声，畲汉连心》。
2015 年 3 月 11 日	《处州晚报》宣传报道蓝陈启 :《畲族大妈编彩带唱山歌宣传禁毒》。
2015 年 6 月 17 日	《处州晚报》宣传报道蓝陈启 :《鞠躬敬茶 遵循古礼拜师学艺》。
2015 年 7 月 3 日	《处州晚报》宣传报道蓝陈启 :《全面打好全民禁毒宣传战》。
2016 年 3 月 10 日	《中国纪检监察报》宣传报道蓝陈启 :《山歌唱家训 家风代代传》。

三、畲族民歌代表性作品及典型作品曲谱（记谱）

（一）畲族民歌代表性作品选录

高皇歌（节选）

盘古开天到如今，世上人何几样心；
何人心好照直讲，何人心歹会骗人。

盘古开天到如今，一重山背一重人；
一朝江水一朝鱼，一朝天子一朝臣。

说山便说山乾坤，说水便说水根源；
说人便讲世上事，三皇五帝定乾坤。

盘古置立三皇帝，造天造地造世界；
造出黄河九曲水，造出日月转东西。

造出田地分人耕，造出大路分人行；
造出皇帝管天下，造出人名几样姓。

盘古坐天万万年，天皇皇帝先坐天；
造出天干十个字，十二地支年年行。

天皇过了地皇来，分出日月又分岁；
一年又分十二月，闰年闰月算出来。

地皇过了是人皇，男女成双结妻房；
定出君臣百姓位，大细辈分排成行。

当初出朝真苦愁，掌在石洞高山头；
有巢皇帝粲人讲，教人起寮造门楼。

古人没食食鸟兽，夹生夹毛血流流；
燧人钻木又取火，煮熟食了人清悠。

三皇过了又五帝，五个皇帝前后排；
伏羲皇帝分道理，神农皇帝做世界。

神农就是炎帝皇，作田正何五谷尝；
谷米豆麦种来食，百姓何食正定场。
神农皇帝真聪明，教人采药医病人；
亲尝百草医毛病，后来成佛做灵神。
神农过了是轩辕，造出何车又何船；
衫衣也是轩辕造，树叶改布著巧软。
轩辕过了金天皇，何道何理坐天堂；
传位颛顼管天下，历书出在颛顼皇。
颛顼以后是高辛，三皇五帝讲灵清；
帝喾高辛是国号，龙麒出世实为真。
盘古传到高辛皇，扮作百姓太田场；
出朝游行天下路，转去京城做朝皇。
龙麒生好朗毫光，行云过海本领强；
人人太见心欢喜，身长力大好个相。
当朝坐天高辛皇，国泰民安谷满仓；
番边番王恶心起，来争江山抢钱粮。
番王作乱反对边，手下兵马没万千；
争去地盘几多郡，边关文书报上京。
番边大乱出番王，高辛皇帝心惊慌；
便差京城众兵起，众兵差去保边疆。
番边番王过来争，齐心去守九重城；
京城众兵没千万，众兵使力守京城。
调去兵马十万人，打了一仗失了兵；
又差上将带去打，高辛皇帝是劳心。

番边兵马来得强，高辛兵马难抵挡；
打过几回都输了，退兵回转奏高皇。
高辛接本心惊慌，便叫朝官来思量；
一切办法都使尽，挂出皇榜招贤郎。
皇帝准本便依其，京城四门挂榜词；
谁人平得番王乱，第三公主结为妻。
皇榜内里表灵清，谁人法高挂帅印；
收服番边番王乱，招为女婿再封身。
榜词挂在四城门，众人来太闹纷纷；
千万人子太过了，无人何敢揭榜文。
挂出皇榜三日正，龙麒晓得近前仰；
随手便来收皇榜，收落皇榜在身边。
朝官带其见皇帝，龙麒自愿去平西；
领旨转身唔见影，一阵云雾去番界。
龙麒来到番王前，番王太见快活仙；
带在身边实欢喜，时时刻刻跟着行。
龙麒自愿去番边，服侍番王两三年；
何计何谋何本事，天地翻转是我赢。
番王出兵争江山，回回打仗都是赢；
叫拢将兵来请酒，兵营食酒闹纷天。
兵营请酒闹纷纷，番王食酒醉昏昏；
一日连食三顿酒，散了酒筵就去困。
番王酒醉眠高楼，身盖金被银枕头；
文武朝官唔随后，龙麒割断番王头。

割断王头过海河，番边贼子赶来多；
枪刀好似林竹笋，追其唔着没奈何。
番边番将追过来，云露雾来似云盖；
番边番兵追唔着，其追唔着往后退。
割来王头过海洋，神仙老君来相帮；
腾云驾雾游过海，官兵接头使盘装。
带转王头上殿来，高辛太见笑嗳嗳；
番王作乱都平服，龙麒公主结头对。
官兵接头使盘装，奉上殿里去见皇；
皇帝肷见心欢喜，愿招龙麒做婿郎。
文武奏上皇帝知，皇帝殿里发言辞；
三个公主由你拣，随便哪个中你意。
头是龙孟心是人，好度皇帝女结亲；
第三公主心唔愿，龙麒就讲去变身。
金钟内里去变身，断定七日变成人；
皇后六日开来太，龙麒钟里变成人。
龙麒平番是惊人，公主自愿来结亲；
皇帝圣旨封下落，龙麒是个开基人。
龙麒平番立大功，招为驸马第三宫；
封其忠勇大王位，王府造落在广东。
王府坐落在广东，忠勇平番显威风；
亲养三男一个女，带上殿里去罗封。
亲养三子生端正，皇帝殿里去罗姓；
大子盘装姓盘字，二子蓝装便姓蓝。

第三细崽正一岁，皇帝殿里罗名来；
雷公云头响得好，笔头落纸便姓雷。

忠勇受封在朝中，亲养三子女一宫；
招得军丁为驸马，女婿本来是姓钟。

三男一女封端正，好龚皇帝管百姓；
掌在广东潮州府，留传后代去标名。

皇帝圣旨话难收，敕封龙麒掌潮州；
皇帝若末你未末，你龚日月一同休。

龙麒自愿广东去，皇帝圣旨讲分你；
六个大仓由你拣，随便哪仓中你意。

六个大仓共一行，金银财宝朗毫光；
六个大仓都一样，开着一个是铁仓。

六仓都是金锁匙，皇帝圣旨交付你；
金银财宝使唔着，开来一仓是铁器。

问其纱帽爱唔爱，锁匙交其自去开；
纱帽两耳其唔得，自愿拣顶尖尖来。

龙麒自愿官唔爱，京城唔掌广东来；
自愿唔爱好田地，山场林土自来开。

龙麒自愿去作山，去龚皇帝分江山；
自耕林土没粮纳，做得何食是清闲。

龙麒起身去广东，文武朝官都来送；
凤凰山上去落业，山场地土由其种。

凤凰山上去开基，作山打铳都由其；
山林树木由其管，旺出子孙成大批。

龙麒自愿官唔爱，一心阊山学法来；
学得真法来传祖，头上又何花冠戴。

当初天下妖怪多，阊山学法转来做；
救得良民个个好，行罡作法斩妖魔。

阊山学法法言真，行罡作法斩妖精；
十二六曹来教度，神仙老君救凡人。

香烧炉内烟浓浓，老君台上请仙宫；
奉请师爷来教度，灵感法门传子孙。

灵感法门传子孙，文牒奉请六曹官；
女人来做西王母，男人来做东皇公。

盘蓝雷钟学师郎，收师捉鬼法来强；
手把千斤天罗网，凶神恶煞走茫茫。

凤凰山上鸟兽多，若好食肉自去罗；
手擎弓箭上山射，老虎山猪麂鹿何。

凤凰山上是清闲，日日擎弩去上山；
乃因岩中捉羊崽，龙麒斗死在岩前。

崎岩石壁青苔苔，山林百鸟尽飞来；
吹角鸣锣来引路，天地灵感放落来。

龙麒放落安棺掉，大细男女泪哭燥；
头戴白帽两个耳，身着苎布尽戴孝。

龙麒落棺未安葬，功德日夜做得忙；
阊山法主来安位，又请三清师爷官。

河南祖师安两边，超度功德做你先；
天神下降来超度，超度龙麒上西天。

凤凰山上去安葬，孝男孝女尽成行；
文武百官送上路，金榜题名占地场。
金榜题名实是真，文武百官送起身；
铁链吊棺未落土，缴去棺汗没官荫。
龙麒坟安龙口门，一年到暗水纷纷；
又何真龙结真穴，荫出千万好子孙。
凤凰山上安祖坟，荫出盘蓝雷子孙；
山上人多难做食，分掌潮州各乡村。
当初掌在凤凰山，做得何食是清闲；
离田三丈无粮纳，离木三丈便种山。
凤凰山上一朵云，无年无月水纷纷；
山高水冷难做食，也没谷米粜何银。
一想原先高辛皇，四门挂榜招贤郎；
无人收得番王倒，就是龙麒收番王。
二想山哈盘蓝雷，京城唔掌出朝来；
清闲唔管诸闲事，自种林土山没税。
三想陷浮四姓亲，都是南京一路人；
当初唔在京城掌，走出山头受苦辛。
收倒番王何主意，京城唔掌走出去；
朝里没亲话难讲，全身是金使唔成。
广东掌了几多年，尽作山场没分田；
山高土瘦难做食，走落别处去作田。
走落福建去作田，亦何田地亦何山；
作田作土是辛苦，作田也要靠天年。

福建田土也是高，田土何壮亦何瘦；
几人命好做何食，几人命歹做也没。
福州大府管连江，连江罗源好田庄；
盘蓝雷钟四散掌，亦未掌着好田场。
掌在福建去开基，山哈四姓莫相欺；
你女若大我来度，我女若大你度去。
古田是古田，古田人女似花千；
罗源人子过来定，年冬领酒担猪廾。
罗源是罗源，罗源人女似花旦；
连江人子过来定，年冬领酒过来扮。
连江是连江，连江人女好个相；
古田人子过来定，年冬领酒担猪羊。
古田罗源桀连江，都是山哈好住场；
乃因官差难做食，思量再搬掌浙江。
福建官差欺侮多，搬掌景宁桀云和；
景宁云和浙江管，也是掌在山头多。
景宁云和来开基，官府老爷也相欺；
又搬泰顺平阳掌，丽水宣平也搬去。
蓝雷钟姓分遂昌，松阳也是好田场；
龙游兰溪都何掌，大细男女都安康。
盘蓝雷钟一宗亲，都是广东一路人；
今下分出各县掌，何事照顾莫退身。
盘蓝雷钟在广东，出朝原来共祖宗；
今下分出各县掌，话语讲来都相同。

盘蓝雷钟一路人，莫来相争欺祖亲；
出朝祖歌唱过了，子孙万代记在心。
盘蓝雷钟一路郎，亲热和气何思量；
高辛皇歌传世宝，万古留传子孙唱。

蓝陈启与她的小徒弟

《千年山哈》演出中敬酒画面

（二）畲族民歌典型作品曲谱（记谱）

景宁普通调：

1 = f   2/4   3/4   稍慢

日 头 落 山 呑 里 黄 哩， 一 树 红 哩

花 到 哩 郎 噜 乡。 临 时 烧 火 煮 饭

食 噜， 临 时 拿 杆 噜 来 哩 铺 噜 床。

——《起头歌》

丽水调高变曲（二）

1 = C   G   d = 72   稍快

青山（啊）青林 林， 青（罗）山 内里 出黄（哩）金。 谁 人 哩

得的 金银 着， 被 郎 拿（啊）去 好 度（哩）亲。

——《青山青苔苔》

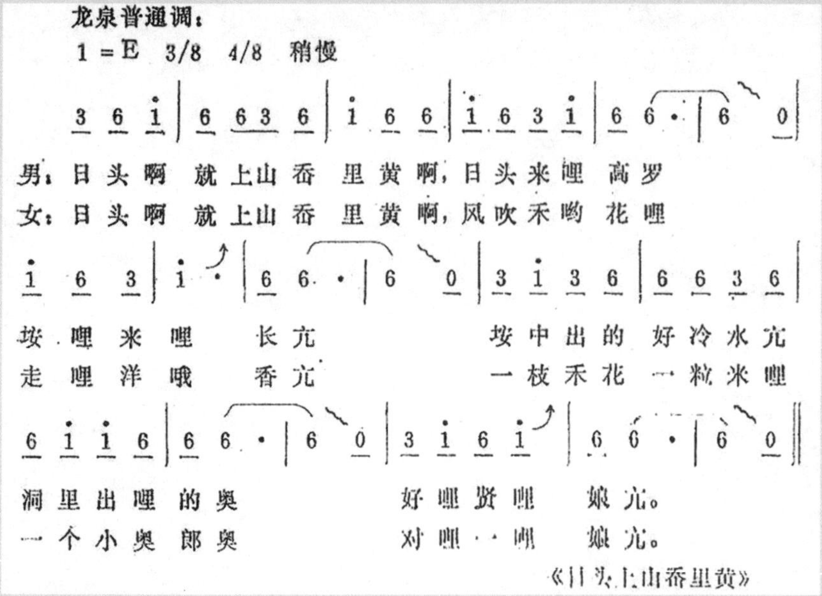
龙泉普通调：
1＝E 3/8 4/8 稍慢
男：日头啊 就上山 乔 里黄啊，日头来哩 高罗
女：日头啊 就上山 乔 里黄啊，风吹禾哟花哩
垅哩来哩 长亢 垅中出的好冷水亢
走哩洋哦 香亢 一枝禾花一粒米哩
洞里出哩的奥 好哩贤哩 娘亢。
一个小奥郎奥 对哩 哩 娘亢。
《日头上山乔里黄》

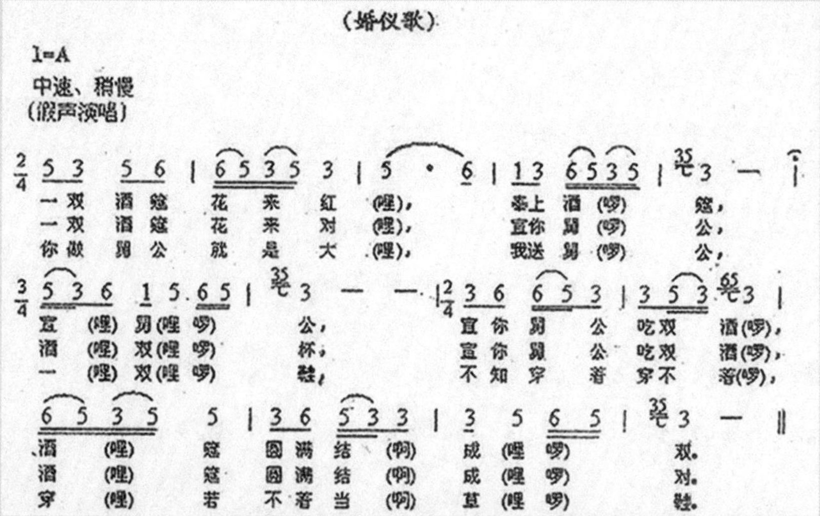
（婚仪歌）
1=A
中速、稍慢
（假声演唱）
一双 酒 盆 花 来 红 （哩）， 奉上 酒 （啰） 盆，
一双 酒 盆 花 来 对 （哩）， 宜你 舅 （啰） 公，
你做 舅 公 就 是 大 （哩）， 我送 舅 （啰） 公，
宜 （哩） 舅（哩 啰） 公， 宜 你 舅 公 吃双 酒（啰），
酒 （哩） 双（哩 啰） 杯， 宜 你 舅 公 吃双 酒（啰），
一 （哩） 双（哩 啰） 鞋， 不 知 穿 着 穿不 着（啰），
酒 （哩） 盆 圆满 结 （啊） 成 （哩 啰） 双。
酒 （哩） 盆 圆满 结 （啊） 成 （哩 啰） 对。
穿 （哩） 若 不着 当 （啊） 莫 （哩 啰） 鞋。

"祭祖"曲：

1=G 2/4 3/4 ♩=48

——《丙歌》

(口唱) 周大风《畲族音乐》。

"做功德"曲：

1=f 2/4 3/4 ♩=56

——《出自歌》

159

参考文献

1. 邱彦余 . 畲族民歌 [M]. 杭州 : 浙江摄影出版社，2014.01.

2. 项莉芳 . 景宁畲族婚俗 [M]. 杭州 : 浙江摄影出版社，2019.06.

3. 项莉芳 .《守护畲乡传承人》[M]. 杭州 : 西泠印社出版社，2018.01.

4. 浙江省丽水地区《畲族志》编纂委员会等 .《丽水地区畲族志》[M]. 北京 : 电子工业出版社，1992.03.

后　记

　　畲族民歌是畲族人民在生产、生活过程中创作的口头文学，畲族从有自己的民族"记忆"起，就有了独特的唱歌习俗，凡生产劳动、接待客人、谈婚论嫁、逢年过节乃至丧亡葬事，畲民均以歌为乐，以歌代言，以歌叙事，以歌抒情，甚至以歌代哭。千百年来，畲族民歌成了畲族人民世代流传的重要的文化表现形式，是畲族人民智慧的结晶，是畲族进步发展的文化记忆和文化基因，是畲民族十分珍贵的文化遗产。

　　畲族是只有语言没有文字的民族，畲族民歌的传承更是依靠口口相传。随着经济社会的快速发展，畲族民歌的生存环境受到一定影响，保护、传承和弘扬好畲族民歌，在今天显得尤为迫切和重要。但如何保护和传承好畲族民歌，归根结底要关注和尊重"人"、关注和尊重作为民间智慧与技能代表的广大传承人群，蓝陈启就是他们中突出的一员。蓝陈启没读过书，却能根据现场场景编唱畲族民歌，不识一字，却能把畲族的长篇史诗《高皇歌》一口气唱完，她把畲族民歌看成是自己生命的最高价值和生存意义，自觉地承继着一代又一代畲人对畲族民歌的热爱、敬畏和坚守。

　　因为长期从事畲族文化遗产的保护和传承，使我对畲族文化有着很深的感情，对畲族非遗项目和畲族传承人有着特殊的情结，尽管工作特别的忙，但还是想利用休息的时间来编写蓝陈启口述史，所以特别感谢浙江省非物质文化遗产保护中心给了我这样的编写机会。

　　在本书的编辑中，特别感谢浙江省非物质文化遗产保护专家施王伟先生的前期采访，正是在施王伟先生前期采访的基础上才形成了现在呈现给读者的这本书；特别感谢蓝陈启老师的孙媳妇雷汤菊，每次要约蓝老师访谈总是先打电话给她，而雷汤菊总是不厌其烦地陪着我一起采访蓝老师，有时还帮忙补充解释蓝老师的民歌歌词；特别感谢蓝陈启老师，每次去她家采访，她总是备好农家的茶、瓜子，然后拉着我的手，向我细细述说她是如何喜爱畲歌，如何要把畲族民歌一代代传下去的决心。

该书的所有篇章都是根据传承人和被访谈者的口述进行忠实地记录与编写，可能在长期的传承过程中会有部分内容有不同的传承表现方式，因此，难免会有不同的观点，欢迎大家对此展开讨论。由于素材量大，时间仓促，对本书引用的部分图片资料内容不能一一注明出处和作者的姓名表示歉意。加上本人水平有限，不足之处，敬请有关专家和广大读者不吝赐教，批评指正。

　　当此书出版之际，我祈愿所有非遗传承人的宝贵精神、才智以及精湛技艺永世流芳、施惠后人！

编者著

2021 年 12 月于景宁

责任编辑：刘　波　唐念慈

装帧设计：薛　蔚

责任校对：王君美

责任印制：汪立峰

图书在版编目（ＣＩＰ）数据

浙江省国家级非物质文化遗产代表性传承人口述史丛
书. 蓝陈启卷 / 郭艺主编；项莉芳编著. -- 杭州：浙
江摄影出版社，2022.11
　　ISBN 978-7-5514-4246-6

　　Ⅰ. ①浙… Ⅱ. ①郭… ②项… Ⅲ. ①蓝陈启－事迹
Ⅳ. ①K825.7

中国版本图书馆CIP数据核字(2022)第223319号

ZHEJIANGSHENG GUOJIAJI FEIWUZHI WENHUA YICHAN DAIBIAOXING
CHUANCHENGREN KOUSHUSHI CONGSHU

浙江省国家级非物质文化遗产代表性传承人口述史丛书
LAN CHENQI JUAN

蓝陈启卷

郭　艺　主编　项莉芳　编著

浙江摄影出版社出版发行
　　地址：杭州市体育场路347号
　　邮编：310006
　　网址：www.photo.zjcb.com
　　制版：浙江新华图文制作有限公司
　　印刷：浙江兴发印务有限公司
　　开本：787mm×1092mm　1/16
　　印张：10.75
　　2022年12月第1版　　2022年12月第1次印刷
　　ISBN 978-7-5514-4246-6
　　定价：68.00元